# Pragmática de la comunicación digital

Giorgio Nardone
Stefano Bartoli
Simona Milanese

# Pragmática
# de la comunicación digital

Actuar con eficacia en línea

Traducción: Maria Pons Irazazábal

**herder**

*Título original:* Pragmatica della comunicazione digitale
*Traducción:* Maria Pons Irazazábal
*Diseño de la cubierta:* Toni Cabré

ISBN: 978-84-254-5097-6

*Imprenta:* Liberdúplex
*Depósito legal:* B-420-2024

*Impreso en España – Printed in Spain*

**herder**

# Índice

# Introducción

*La tecnología no aleja al hombre de los
grandes problemas de la naturaleza, sino que
le obliga a estudiarlos con más profundidad.*

Antoine de Saint-Exupéry

Después del coronavirus nada será como antes, como muchos han anunciado proféticamente. No hay duda de que la pandemia, como un huracán, ha arramblado con nuestros hábitos y ha modificado profundamente la esencia misma de nuestra vida de relación. Siguiendo el principio de la distancia social están cambiando todos los sectores vitales de la sociedad: la sanidad, el comercio, los transportes, la enseñanza, la economía, la cultura, la política y el medio ambiente. Estamos creando una nueva normalidad, con nuevas formas de conectarnos, de relacionarnos, de adquirir productos y servicios, de aprender y de divertirnos.

Esta transformación tan profunda será posible gracias a la tecnología digital que, si bien ya se halla muy presente en nuestras vidas, pronto será insustituible. Si consideramos que antes de la aparición del coronavirus el 90% de los italianos utilizaba internet a diario, con un tiempo medio de conexión de seis horas al día, dos de ellas a las redes sociales,[1] tendremos una idea de las dimensiones que el fenómeno adquirirá en el futuro.

La digitalización se extiende a todos los sectores. En la sanidad se promueve a bombo y platillo la «salud digital» (*e-health* para los anglosajones), esto es, los servicios de telemedicina[2] (atención a distancia), teleconsulta (consulta a distancia entre profesionales sanitarios) y telemonitorización (control de parámetros como presión sanguínea, glucemia, frecuencia cardíaca, etcétera);[3] también los profesionales de la salud mental —psicólogos, psicoterapeutas y psiquiatras— están implementando las terapias por internet.

Aunque con algunas dificultades, la escuela ha organizado la enseñanza a distancia; las empresas incentivan el teletrabajo. Y plataformas como Zoom proporcionan un soporte válido a las actividades de formación a distancia *(e-learning)*.

Sin embargo, no basta con cambiar; hay que tener la seguridad de que es para mejorar: debemos gobernar los vientos del cambio para evitar ser arrastrados a la deriva.

Para ello se debe considerar otra modificación que no es fácil de realizar. De hecho, a fin de gestionar con efica-

---

1. https://wearesocial.com/it/blog/2019/01/digital-in-2019.
2. «Prestación de cuidados y asistencia, cuando la distancia es un factor crítico, a través de tecnologías informáticas» es la definición de la Organización Mundial de la Salud (OMS).
3. Unos límites que aún se están explorando son los *chatbots,* o asistentes virtuales, un tipo de *software* que analiza mediante palabras clave los síntomas del paciente y le da indicaciones sobre cómo actuar (petición de ayuda, monitoreo del síntoma, etcétera).

cia nuestra nueva normalidad, no solo debemos adecuar la tecnología, sino también, y sobre todo, nuestro modo de utilizarla. Ya se trate de una sesión de psicoterapia, de una clase o de una reunión de directivos, la comunicación ha de ser adecuada a la ocasión, al contexto y al medio empleado: conviene recordar que justamente la llegada de la tecnología ha producido en algunos sectores, como el de la medicina, un deterioro del enfoque comunicativo y relacional.

Ignorar el aspecto comunicativo en esta revolución sería un grave error, porque la buena comunicación es un componente esencial de toda actividad e interacción humanas.

Comunicación y relación en la atención son la base de todo proceso de curación, tanto físico como mental; el aprendizaje no puede prescindir de la comunicación entre alumno y profesor; en la ciencia de la *performance,* la comunicación entre técnico y atleta o artista es un aspecto sustancial; la comunicación persuasiva es indispensable para el líder, el político, el diplomático, el vendedor y el formador.

¿Qué cambia en la comunicación digital? Básicamente, se reduce de modo total o parcial el poder de la comunicación no verbal. Y no es poca cosa, porque precisamente la comunicación no verbal (mirada, expresiones, gestualidad) y la paraverbal (ritmo y volumen de la voz, inflexión, pausas y silencios) transmiten el 80% de la emotividad. Su contribución es tan importante que, en caso de que se produzcan contradicciones entre el canal verbal y el canal no verbal, damos crédito al segundo.

Imaginaos que os encontráis con una persona a la que no veis desde hace tiempo y que se os acerca diciendo:

«¡Me alegro de verte!», mientras os mira a los ojos, con una sonrisa franca, y poniendo el énfasis en «me alegro». Ahora imaginad la misma frase pronunciada en voz baja, con una sonrisita despectiva y mirada huidiza: el efecto es diametralmente opuesto, y la contradicción entre el contenido verbal y los aspectos no verbales se resuelve de inmediato dando credibilidad a los segundos. De hecho, mientras que el contenido verbal se puede falsear con facilidad, no ocurre lo mismo con los aspectos no verbales, y es por eso que los utilizamos como brújula para orientarnos en la complejidad de la comunicación.

Como expuso brillantemente Paul Watzlawick en su *Teoría de la comunicación humana,* cada mensaje tiene una parte de contenido (verbal) y una de relación (no verbal y paraverbal), y es la segunda la que codifica a la primera, dando significado y viveza a todo el mensaje (II axioma de la *Teoría de la comunicación humana*) (Watzlawick *et al.,* 1967).

En un contexto digital se pierden algunos aspectos significativos del mensaje y es más fácil incurrir en malentendidos que, con la circularidad propia de la comunicación, pueden generar otros malentendidos, propagándose y amplificándose como en el famoso juego del teléfono roto.

Además, cuando la empatía y la participación emocional son especialmente importantes para el éxito de la intervención, como por ejemplo en una visita médica o en una sesión de psicoterapia, el terapeuta ha de saber gestionar la emotividad transfiriéndola a los otros canales, a fin de mantener la eficacia de la intervención.

Sea cual sea nuestra profesión o el objetivo de nuestra comunicación, es fundamental que estén adaptados al contexto digital. Puesto que estamos privados de buena parte de la comunicación no verbal, debemos potenciar todos los otros aspectos: elección de las palabras, construcción de las frases, modulación de la voz. Este libro explora el tema de la comunicación digital en general, así como sus aplicaciones en los distintos sectores (médico, psicoterapéutico, empresarial, formativo), y proporciona indicaciones sobre cómo adaptar la comunicación al contexto y al medio utilizado partiendo de una amplia experiencia en el campo y de experimentos concretos, que han llevado a la elaboración de una verdadera y moderna *Pragmática de la comunicación digital*.

«La creatividad nace de la angustia como el día nace de la noche oscura. Es en la crisis que nacen la inventiva, los descubrimientos y las grandes estrategias» (Albert Einstein).

# 1. La realidad en la pantalla

*La realidad existe en la mente humana*
*y en ningún otro lugar.*

GEORGE ORWELL

Un niño camina junto a su madre.

Los dos llegan ante un semáforo en rojo; la madre se detiene, mientras que el niño sigue andando.

Un coche toca el claxon; la madre da un salto y afortunadamente consigue salvar a su hijo.

—¿Es que no has visto que estaba en rojo? —exclama la mujer, asustada.

—Sí, he visto que estaba en rojo, ¿por qué? —responde el niño, desconcertado.

Este sencillo ejemplo explica un fenómeno que está en la base de nuestra percepción de la realidad: un hecho normal, vivido en el mismo momento, puede tener significados distintos para quienes lo están experimentando.

Pese a haber visto claramente el semáforo en rojo, el niño, a diferencia de la madre, no ha atribuido a ese color el mandato implícito «detente».

El mismo objeto, el semáforo rojo, es experimentado e interpretado de manera distinta por dos individuos y, por consiguiente, sus actos han de ser forzosamente diferentes.

Muy a menudo tanto en el ámbito psicológico como en el científico confundimos dos aspectos muy diferentes de lo que llamamos «realidad»: el primero concierne a las propiedades puramente físicas, objetivamente discernibles, de las cosas; el segundo consiste en la atribución de significado y de valor a estas cosas (Watzlawick, 1976, p. 129).

La realidad puede dividirse, por tanto, en dos órdenes: la realidad de primer orden, esto es, el objeto o el hecho en sí, y la realidad de segundo orden, esto es, la manera en que es percibido el hecho o el objeto y las reacciones que siguen a la percepción.

El primer aspecto está relacionado con la percepción sensorial de lo que nos ocurre, mientras que el segundo, esto es, la manera en que reaccionamos, se basa en la comunicación.

El pintor Pablo Picasso afirmó: «Todo lo que puedes imaginar es real»; nosotros preferimos decir que todo lo que es percibido es real, o como expresó el filósofo George Berkeley: *«Esse est percipi»,* es decir, «ser es ser percibido».

El hecho de que yo me lance al agua para salvar a una persona que se está ahogando es un hecho objetivamente real; pero si lo hago por caridad, por aparentar heroísmo o porque sé que el hombre que se está ahogando es millonario y obtendré una recompensa, es una cuestión para la que no existe una prueba objetiva, sino únicamente atribuciones subjetivas de significado. El escritor francés

Raymond Queneau, en *Ejercicios de estilo,* llega a dar hasta noventa y nueve representaciones de significado distintas de un hecho tan simple como una disputa banal entre dos personas. Para la moderna epistemología constructivista no existe una realidad ontológicamente verdadera, sino muchas realidades subjetivas según el punto de vista que se adopte.

Si vemos un vaso lleno de un líquido transparente automáticamente pensamos que es agua, cuando en realidad también podría ser otra cosa; si el vaso se hubiera llenado hasta la mitad, habría quien lo percibiría medio lleno y quien lo percibiría medio vacío. Para ser más precisos aún, definir el recipiente como «vaso» ya supone una atribución de significado al objeto, es decir, es nuestra experiencia empírica la que nos lleva a decir que un recipiente con una determinada forma recibe el nombre de «vaso».

En palabras de Paul Watzlawick, «la ilusión más peligrosa del ser humano es que exista una sola y única realidad».

Sin embargo, la realidad que cada individuo vive y experimenta es el fruto de la interacción entre el punto de observación asumido y la comunicación, de modo que la forma en que cada individuo se comunica consigo mismo, con los demás y con el mundo influirá en su percepción y, por tanto, en sus reacciones. A modo de ilustración reproducimos un ejemplo de cómo una comunicación distorsionada con los demás y con el mundo puede crear «realidades inventadas», cuyos efectos concretos llegan a durar muchos años:

En 1925, la pequeña ciudad de Nome, en Alaska, sufrió una grave epidemia de difteria. La única posibilidad de salvación era un suero desarrollado en una ciudad situada a cientos de kilómetros de distancia.

Debido a las duras condiciones climáticas y a una imprevista tormenta de nieve, las vías de comunicación más rápidas quedaron impracticables. La única forma de acceder a la lejana ciudad era mediante trineos tirados por perros, de modo que se organizó una carrera de relevos para recorrer los casi 1100 kilómetros que había entre la ida y la vuelta; uno de los que participaron en esta empresa fue Leonhard Seppala con su perro líder Togo, un husky siberiano poco adiestrado que había sobrevivido a una enfermedad muy grave.

Leonhard y Togo recorrieron los tramos más peligrosos arriesgando su vida, de modo que a una temperatura de -40 ºC realizaron un total de 480 kilómetros frente a los aproximadamente 50 del resto de participantes: un desafío inhumano. Fue una hazaña increíble y, gracias a su valor y a su esfuerzo, se consiguió el suero.

El último tramo de la carrera, el que llevó la medicina a la ciudad de Nome, fue cubierto por Gunnar Kaasen junto con un perro llamado Balto.

Los medios de comunicación que esperaban el momento del final del relevo entrevistaron al último conductor del trineo y le preguntaron cómo se llamaba el perro que había encabezado el último tramo del recorrido.

El resultado fue que dichos medios promocionaron a Balto como héroe de la hazaña, hasta el punto de que en el Central Park de Nueva York todavía hoy puede verse una estatua en su honor como símbolo de valor y de lealtad. De Togo, el verdadero héroe de la historia, nadie supo nunca nada.

En 2011, el semanario *Time* publicó la verdadera historia y declaró a Togo el animal más heroico de todos los tiempos.

La última nota curiosa de este asunto es que Togo

realizó la carrera a la edad de doce años, cuando los perros de trineo ya se consideran viejos y «jubilados». En cambio, Balto murió muchos años después, a la edad de once años.

Este es solo uno de los muchos ejemplos de mistificación de la realidad a través de la comunicación.

Otro ejemplo es cuando nos comunicamos con nosotros mismos de manera ineficaz, hasta el punto de convertirnos a la vez en víctimas y verdugos de nosotros mismos. Especialmente interesante a este respecto es la «historieta del martillo»:

Un hombre quiere colgar un cuadro. Tiene el clavo, pero no el martillo. El vecino tiene uno, así que decide pedírselo prestado. Pero entonces le surge una duda: «¿Y si mi vecino no me lo quiere prestar? Ayer apenas me saludó. Tal vez tenía prisa, o tal vez la prisa no era más que un pretexto y me la tiene jurada. ¿Por qué? Yo no le hecho nada, él es quien se ha inventado algo. Si alguien me pidiese una herramienta, se la daría inmediatamente. ¿Y por qué él no? ¿Cómo se le puede negar al prójimo un placer tan simple? Gente como esta arruina la vida de los demás. Y encima se imagina que yo le necesito, solo porque tiene un martillo. ¡Ya está bien!». De modo que va corriendo a su casa, llama al timbre, el vecino le abre y, antes de que este tenga tiempo de decir «buenos días», le grita: «¡Quédese su martillo, maleducado!» (Watzlawick y Nardone, 1997).

El filósofo Epicteto pone de manifiesto en sus obras la posibilidad que tiene cada individuo de vivir de manera diferente el mismo hecho, y a este proceso, a través del cual el hombre consigue definir y dar un cierto significado a las experiencias sensibles, lo llama *proaíresis*.

En el *Enquiridión* (Epicteto, 2004) el autor demuestra que no son las cosas en sí las que provocan ciertas sensaciones, sino el juicio que de ellas nos hacemos:

> Lo que turba a los hombres no son los sucesos, sino las opiniones acerca de los sucesos. Por ejemplo, la muerte no es nada terrible, pues, de serlo, también se lo habría parecido a Sócrates; sino la opinión de que la muerte es terrible, ¡eso es lo terrible! Cuando, pues, nos hallemos incómodos o nos turbemos o aflijamos, nunca echemos a otro la culpa, sino a nosotros mismos, esto es, a nuestras propias opiniones. Obra es de quien carece de formación filosófica acusar a otros de lo que a él le va mal; quien empieza a educarse se acusa a sí mismo; quien ya está educado, ni a otro ni a sí mismo acusa.

La demostración de cómo cada individuo experimenta lo que percibe, incluso cuando a sus percepciones no les corresponde una realidad objetiva, resulta extraordinariamente evidente en el «síndrome del miembro fantasma». Después de la amputación de un miembro, el individuo sigue percibiendo sus movimientos, las sensaciones y, muy a menudo, el dolor como si el miembro todavía siguiera en su sitio.

Una demostración aún más impactante, en este sentido, es la terapia de «la caja espejo» introducida por el neurólogo indio Vilayanur S. Ramachandran (2000).

La caja espejo es una caja en cuyo interior se colocan dos espejos que forman un tabique divisorio. A través de dos orificios el paciente introduce el miembro sano por un lado del tabique de espejos y el amputado por el otro. Luego mira el espejo por la parte donde se ha insertado el miembro sano y empieza a realizar movimientos que, reflejados en el espejo, resultan especulares y simétricos. En ese momento se crea una ilusión real que hará que al paciente le parezca que el movimiento es del miembro que falta.

Puesto que nuestro sistema neurológico crea sensaciones reales de dolor percibidas en una zona del cuerpo que ya no existe —el miembro amputado—, la retroalimentación visual artificial de la caja espejo, además de integrar una imagen visual del miembro fantasma, comporta una reducción notable de las sensaciones dolorosas. La solución consiste en engañar a nuestras percepciones con la utilización de un espejo y de su reflejo, que convierte en real lo que no lo es.

En ambos ejemplos nos encontramos ante sensaciones percibidas como reales independientemente de la condición objetiva del sujeto.

También la moderna neurociencia ha demostrado que cada individuo es inventor y creador de su propia realidad. Consideremos, por ejemplo, el proceso que sigue un estímulo externo hasta convertirse en una reacción: un estímulo, como puede ser la luz, es captado por los órganos de los sentidos que, a través de un proceso llamado «transducción», transforman el estímulo inicial en una sensación. Esta última, a su vez, da lugar a una percepción que conducirá a una reacción.

Si este proceso es igual para todos, ¿cómo es posible que las reacciones difieran entre sí?

Si un músico profesional escucha una pieza en la que hay desafinaciones o errores de ritmo se dará cuenta de inmediato y procurará mejorarla o corregirla, a diferencia del no experto, que no los percibirá. Otro ejemplo podría ser el de un maestro de artes marciales que, gracias al aprendizaje y al estudio de técnicas específicas, ha conseguido desarrollar una mayor sensibilidad y preparación ante situaciones de peligro que una persona que no ha practicado ninguna disciplina marcial. El psicoterapeuta experto, gracias a su experiencia en la materia, conseguirá seleccionar un tipo de intervención más eficaz que el joven que acaba de especializarse.

Estos ejemplos, y muchos otros que podríamos añadir, nos indican que el bagaje de experiencias funcionales que acumula cada individuo a lo largo de su vida modificará la interpretación y, por consiguiente, la reacción a lo que percibe. El problema nace en el momento en que nuestros guiones de reacción se tornan rígidos hasta convertirse en disfuncionales, porque ya no pueden adaptarse a los cambios constantes de las cosas. No es casualidad que el viejo adagio nos enseñe que somos «víctimas de nuestros éxitos»: si hemos tenido éxito en algo tenderemos a repetir el comportamiento que nos ha proporcionado ese éxito, incluso cuando ya no sea funcional (Nardone, 2013).

La repetición de ciertos esquemas de conducta o de razonamiento inflexibles puede hacer que surjan verdaderas «teorías fuertes», lentes deformantes de nuestra percepción.

Arthur Schopenhauer ya destacaba la influencia ejercida por la teoría y por los modelos en la relación de los individuos con las realidades que tienen ante sí. Esto ha sido confirmado recientemente por el principio de indeterminación de Werner Heisenberg y por la moderna epistemología constructivista: cada vez está más claro hasta qué punto la elección de una teoría puede resultar decisiva en la interpretación de los fenómenos a los que se aplica

(Nardone, 2015). En palabras del escritor Chuck Palahniuk: «Uno puede pasarse toda la vida construyendo un muro de certezas entre nosotros y la realidad».

Si los mecanismos que hemos descrito hasta aquí son válidos en la creación de la realidad de cada uno, se vuelven decisivos en la gestión de la relación con el otro cuando esta se produce digitalmente, a través de una pantalla.

Hoy en día hacer una videollamada es normal, pero habría que retrotraerse algo más de diez años para recordar que esta tecnología no estaba aún bien desarrollada y que la mayoría de las interacciones digitales eran las llamadas de audio normales y corrientes.

Si pensamos en el mundo de los mensajes de texto, la situación es aún más impactante: las aplicaciones modernas permiten una interacción continua prácticamente sin coste alguno, mientras que hace pocos años los mensajes de texto y los mensajes multimedia se ajustaban a las necesidades y los costes. Todo esto hace cada vez estemos más conectados y con mayor rapidez, hasta el punto de que podemos participar en varios chats al mismo tiempo y mantener conversaciones a base de mensajes a cualquier hora del día y de la noche: la percepción de *invasión* e *intrusión* por nuestra parte y por la de nuestros interlocutores ha desaparecido casi del todo. Pasamos gran parte del tiempo inclinados sobre una pantalla, ya sea de un ordenador, de un teléfono o de una tableta, y si a esta hiperconectividad le añadimos las distintas plataformas sociales y una globalización del trabajo en línea, el resultado es que una persona cualquiera pase gran parte de su tiempo y de su vida conectada a la red.

La pantalla se convierte en una nueva realidad que hay que manejar para no ser manejados. Como se señala en el apartado de la Introducción, cuando nos comunicamos la pantalla puede omitir elementos importantes que hay que transmitir al destinatario de nuestro mensaje y también puede hacernos creer cosas que difieren mucho de la realidad: lo virtual se vuelve más «verdadero» que lo real.

Los continuos avances tecnológicos y la necesidad cada vez más apremiante de respuestas inmediatas han elevado el nivel de la interacción digital, pero también han alterado la calidad comunicativa; por este motivo, si no somos capaces de gestionar este cambio cualitativo de la comunicación acabaremos siendo manipulados, o sea, artífices de lo que luego nos puede convertir en víctimas.

Prueba de ello son los continuos malentendidos y las consiguientes decisiones erróneas: directivos que no son capaces de delegar eficazmente y colaboradores que interpretan mal las indicaciones, relaciones de pareja que entran en crisis por mensajes mal entendidos o por discusiones a través de videollamadas, enamoramientos y traiciones virtuales, sesiones de entrenamiento realizadas mediante el visionado de vídeos de entrenadores personales y sin posibilidad de corregir los ejercicios, programas de adelgazamiento a través de aplicaciones válidas para todo el mundo, comunicaciones científicas enviadas por medio de chats, propaganda política mediante «directos en redes sociales», por no hablar del aumento de los trastornos psicológicos causados por el excesivo y distorsionado uso de la red. Aunque hablamos de ellas utilizando el adjetivo «virtuales», realmente se trata de experiencias auténticas y concretas y, por tanto, capaces de modificar la percepción de la realidad por parte del individuo, así como de provocar un auténtico cambio emocional, cognitivo y conductual;

la realidad virtual es a la vez creación y creadora de las realidades subjetivas del individuo.

En palabras de John von Neumann: «Los seres están en continuo devenir y no existe ninguna realidad apriorística». Ni siquiera la virtual.

# 2. La pragmática de la comunicación digital

*La mitad de la población mundial está
compuesta de personas que tienen algo que decir
pero no pueden. La otra mitad de personas que
no tienen nada que decir y siguen hablando.*

ROBERT FROST

## La forma crea el contenido. Los axiomas de la comunicación humana y su aplicación digital

En el mundo de la comunicación se ha producido en los últimos años un auge de textos y cursos de formación que, a menudo, resultan ser auténticas aberraciones.

En el ámbito empresarial, la mayoría de los empresarios y directivos está convencida de que la comunicación coincide con la publicidad y de que las relaciones interpersonales en el contexto del trabajo son el resultado de procedimientos o procesos articulados de liderazgo. Por no hablar también de los cursos de comunicación eficaz, asertiva y de oratoria en los que formadores fantasma, al ritmo de música de discoteca, proporcionan recetas comunicativas válidas para todos y en todas las situaciones, como si fueran mandamientos esculpidos en piedra.

Para aclarar este punto hay que remontarse a los orígenes del estudio sobre lo que es la comunicación y cómo utilizarla al dividir la materia en semántica, sintaxis y pragmática.

La semántica estudia el significado de lo que se comunica, mientras que la sintaxis es el estudio de cómo se ensamblan los códigos lingüísticos para crear una proposición. La pragmática, por su parte, trata del efecto que la comunicación crea en las sensaciones y en la conducta de quien recibe el mensaje; es el aspecto fundamental que hay que tener en cuenta para la gestión de uno mismo y de los demás.

El autor que más ha analizado ese fenómeno es Paul Watzlawick. Su *Teoría de la comunicación humana,* escrita en colaboración con otros expertos de la Escuela de Palo Alto y publicada en 1967, está considerada como la Biblia de todos aquellos que quieren estudiar los efectos de la comunicación en la acción humana. De hecho, los autores formulan los axiomas de la pragmática demostrando su aplicación en numerosos contextos e iniciando una nueva época en el estudio del lenguaje y de sus efectos en la realidad que los individuos construyen, sufren y/o gestionan continuamente (Nardone, 2015). Reproducimos un pasaje:

> Este libro trata sobre los efectos pragmáticos (en la conducta) de la comunicación humana y, en particular, sobre los trastornos de la conducta. En una época en que ni siquiera se han formalizado los códigos gramaticales y sintácticos de la comunicación verbal y en que se contempla con creciente

escepticismo la posibilidad de adscribir a la semántica de la comunicación humana un encuadre preciso, todo intento de sistematizar su pragmática quizá parezca una prueba de ignorancia o presunción...

Por otro lado, resulta evidente que la comunicación es una condición *sine qua non* de la vida humana y el orden social. También es obvio que, desde el comienzo de su existencia, un ser humano participa en el complejo proceso de adquirir las reglas de la comunicación, ignorando casi por completo en qué consiste ese conjunto de reglas, ese *calculus* de la comunicación humana (Watzlawick *et al.*, 1967).

Recogiendo la herencia de esta obra fundamental, retomamos la formulación de los «cinco axiomas de la pragmática de la comunicación humana» adoptando un nuevo punto de vista: el de la comunicación digital.

El primer axioma afirma: *no se puede no comunicar.* Cualquier comportamiento, incluida la falta de comunicación, es un acto comunicativo:

El hombre sentado ante un abarrotado mostrador en un restaurante, con la mirada perdida en el vacío, o el pasajero de un avión que permanece sentado con los ojos cerrados, comunican que no desean hablar con nadie o que alguien les hable, y sus vecinos por lo general «captan el mensaje» y responden de manera adecuada, dejándolos tranquilos. Evidentemente, esto constituye un intercambio de comunicación en la misma medida que una acalorada discusión.

La comunicación tiene lugar incluso cuando no es intencional o no es consciente, de modo que tanto la actividad como la inactividad, las palabras o el silencio tienen valor de mensaje: influyen en los otros, que, a su vez, no pueden no responder a estos mensajes y de este modo también comunican.

Así que todo es comunicación y, por consiguiente, todo es influencia.

Retomando las palabras de Watzlawick, en esta ocasión en el contexto clínico:

> Si la conducta esquizofrénica se observa dejando de lado las consideraciones etiológicas, parecería que el esquizofrénico trata de no comunicarse. Pero, puesto que incluso el sin-sentido, el silencio, el retraimiento, la inmovilidad (silencio postural) o cualquier otra forma de negación constituyen en sí mismos una comunicación, el esquizofrénico enfrenta la tarea imposible de negar que se está comunicando y, al mismo tiempo, de negar que su negación es una comunicación. La comprensión de este dilema básico en la esquizofrenia cons-tituye una clave para muchos aspectos de la comunicación esquizofrénica que, de otra manera, permanecerían oscuros.

Si contextualizamos este axioma en el mundo de la comu-nicación digital, la regla no cambia. Todo lo que hagamos, todo lo que publiquemos y toda interacción de carácter tecnológico se convertirá en un acto comunicativo que influirá en el otro. Si además añadimos que la mayor parte de los contenidos puede ser vista muchas veces, huelga de-cir que la atención prestada a nuestra comunicación habrá de ser cada vez mayor.

El segundo axioma dice: *toda comunicación tiene un aspecto de contenido y otro de relación, de manera que el segundo clasifica al primero y es, por tanto, una metaco-municación.* Es decir, la *manera* en que se transmite un mensaje resulta tan determinante en la relación entre dos o más personas como el contenido del propio mensaje. El mismo contenido dicho de distintas maneras o en contextos diferentes define relaciones dispares entre quienes se comunican. Esto explica por qué las relaciones problemáticas se caracterizan por una continua redefinición de la relación y de sus límites, relegando los contenidos a un segundo plano; a menudo se acaba discutiendo más sobre el *cómo* discutimos que sobre el *qué*.

En la comunicación digital este aspecto todavía es más decisivo: escuchar a una persona a través de una pantalla es mucho más cansado que hacerlo en directo. Ante esta reducción de la calidad de la interacción respecto de la comunicación cara a cara resulta indispensable saber *cómo* comunicar tanto para mantener elevada la atención de la audiencia como para gestionarnos a nosotros mismos que estamos comunicando. En los próximos capítulos se explicarán detalladamente todos los aspectos paralingüísticos y no verbales que hay que utilizar en una comunicación digital eficaz, aunque ya podemos adelantar que las variaciones del ritmo y del tono de voz combinadas con un lenguaje analógico y un hábil uso de los silencios son ingredientes fundamentales.

El tercer axioma dice así: *la naturaleza de una relación depende de la puntuación de las secuencias de comunicación entre los comunicantes.*

En otras palabras: el flujo comunicativo está influido por el punto de vista de las personas que se comunican, las cuales tienden a interpretar su propio comportamiento no como causa, sino como consecuencia del comportamiento del otro. Imaginemos una pareja que discute; uno de los dos se encierra en sí mismo porque el otro levanta la voz; el otro podría decir que levanta la voz porque no recibe respuesta a sus demandas. Por una parte, tenemos «estoy callado porque tú gritas»; por la otra, «grito porque tú estás callado». «Puntuar» mal una relación puede llevar a malinterpretar la comunicación del otro, creando una dinámica paradójica en la que mi reacción a la comunicación del otro mantendrá lo que yo querría cambiar.

En los capítulos siguientes veremos cómo evitar y gestionar los malentendidos; en el ámbito digital, donde no es posible utilizar respuestas no verbales (el juego de las miradas, la proxémica y el contacto físico) que con su inmediatez permiten restablecer ciertos equilibrios, saber puntuar las relaciones, utilizando bien la voz y estructurando los enunciados para evitar que resulten equívocos, es esencial desde las primeras frases.

El cuarto axioma sostiene lo siguiente: *los seres humanos se comunican tanto digital como analógicamente.* Es decir, podemos referirnos a los objetos de dos maneras: nombrándolos (modalidad digital) o bien creando una imagen que los represente o a través de la gesticulación (modalidad analógica). Esta última, más arcaica, seguramente sea menos precisa que la digital, pero se hallará más arraigada en nuestro ADN. El hombre reconoce mucho mejor las formas que los contenidos, y la mayor parte de los procesos mnemónicos y de pensamiento se elabora a través de imágenes visuales. Aunque es cierto que lo «no verbal» resulta notablemente reducido en la comunicación por vídeo, saber moverse de forma adecuada delante de una cámara y saber crear imágenes a través de un lenguaje evocador potencia nuestro impacto en la pantalla.

El último axioma afirma que *todos los intercambios de comunicación son simétricos o complementarios dependiendo de si se basan en la igualdad o en la diferencia.*

La simetría se basa en la igualdad o en la reducción de la diferencia al mínimo, mientras que el proceso inverso representa la relación complementaria.

Las dos posiciones relacionales por donde podemos movernos se definen como *one-up* y *one-down;* si ambos estamos en una de las dos posiciones, nos hallamos en la fase simétrica; por el contrario, cuando entre *one-up* y *one-down* hay una sinergia estamos en la esfera de la complementariedad. En un intercambio simétrico, los dos interlocutores se encuentran en el mismo plano, mientras que en un intercambio complementario uno está en una posición denominada *one-up,* esto es, de superioridad, y el otro en una posición denominada *one-down,* esto es, de inferioridad.

Hay que decir que tanto la comunicación simétrica como la complementaria pueden ser funcionales, según el momento, el contexto, el interlocutor y el objetivo que queramos conseguir: por ejemplo, ante un individuo especialmente resistente deberé seleccionar el tipo de relación más funcional para sortear esta resistencia. La posibilidad de cambiar rápidamente de simétrico a complementario y viceversa exige, no obstante, una gran flexibilidad emocional, cognitiva y conductual. En la comunicación digital es aconsejable mantener una relación lo más complementaria posible, oscilando entre *one-up* y *one-down,* porque una simetría demasiado acentuada limitaría la posibilidad de búsqueda de una solución o de un acuerdo a causa de los límites del instrumento que utilizamos, cosa que no ocurriría si estuviéramos cara a cara. Debemos recordar siempre que el instrumento empleado, ya sea un teléfono inteligente, una tableta o un ordenador, siempre constituye un filtro a través del cual nuestra comunicación sufre un proceso de codificación, elaboración y transmisión, y por tanto, en cierto modo, es modificada.

Los axiomas de la comunicación humana son una competencia ineludible que hay que saber manejar también en el mundo digital. Conocerlos y saberlos utilizar hace que el profesional maneje su propia comunicación en vez de sufrir los efectos, como vemos que ocurre demasiado a menudo. Porque, como sostiene Zygmunt Bauman, «el fracaso de una relación casi siempre es un fallo de comunicación».

## La superficie es la antesala de la profundidad. La creación de la primera impresión

> *Mil palabras no dejan una impresión*
> *tan profunda como una sola acción.*
> HENRIK IBSEN

La posibilidad de influir en un interlocutor o en un grupo de personas pasa por un conjunto de elementos comunicativos no verbales que preceden a la interacción verbal. El conjunto de estos factores comunicativos constituye lo que se define como «primera impresión».

Antes incluso de iniciar la interacción propiamente dicha, hay muchos elementos que contribuyen a la formación de un primer e inmediato juicio implícito sobre la forma de ser y las posibles características de la persona que tenemos delante (Arcuri, 1994; Salvini, 1995).

Estos elementos son en su mayoría sensaciones y percepciones automáticas, es decir, que no forman parte del mundo de la conciencia y del razonamiento y que condicionarán la relación en sus fases iniciales.

Si voy por la calle y veo que viene hacia mí un individuo encapuchado con grandes gafas de sol y paso decidido, mi instinto hará que no lo pierda de vista para evitar un posible peligro, e incluso que cambie de acera. Lo que veo ha desencadenado en mi paleoencéfalo una sensación de peligro ante la que no puedo dejar de reaccionar.

Si, por el contrario, me encontrase con un individuo elegantemente vestido que camina relajado, mis sensaciones y mis reacciones serían totalmente distintas.

En ambos casos, la percepción de lo que veo determina una especie de valoración y de juicio del otro, aunque desconozca sus características reales.

De hecho, el encapuchado podría ser un adolescente absorto en sus pensamientos, que está escuchando música, mientras que el sujeto elegante podría ser un sicario.

«Solo los superficiales no juzgan por las apariencias», advierte Oscar Wilde con su característica agudeza: el ser humano está diseñado para reconocer la forma y la superficie de las cosas, pero no su contenido; este último solo se capta después, una vez establecida la relación.

Si pensamos en el mundo animal, la necesidad de juzgar a primera vista es aún más evidente. Cuando dos machos alfa de una determinada especie quieren establecer una jerarquía, antes de luchar despliegan una serie de rituales de comunicación, cuyo objetivo es la rendición del contendiente.

Pensemos en un perro: primero levantará la cola, luego erizará el pelaje, para parecer más grande, y por último enseñará los dientes. Si todo este cambio de «forma» no es suficiente para intimidar al otro, se pasará a un enfrentamiento físico.

Por el contrario, ciertas arañas fingen estratégicamente ser presa y se muestran inofensivas para poder matar luego al depredador que las ha subestimado.

En los seres humanos el proceso de evaluación inicial del otro funciona del mismo modo y es un mecanismo atávico que ha permitido al hombre sobrevivir a lo largo de milenios. Si no fuésemos capaces de distinguir el peligro por su forma —pensemos en un depredador o en una serpiente venenosa— muy probablemente nos habríamos extinguido.

Si este mecanismo de la primera impresión está arraigado en el hombre hasta el punto de constituir una verdadera dinámica, para no estar sometido a él lo único que hay que hacer es aprender a gestionarlo, sabiendo que las sensaciones provocadas por la visión del otro se traducirán en una auténtica creencia que, una vez asentada, resultará difícil de modificar. De esto se deduce que los primeros treinta segundos de interacción son fundamentales, porque en ese tiempo los que nos observan estructuran sus ideas sobre nosotros; una vez formada la primera impresión, buscarán todos los elementos que la confirmen o la desmientan, creando así una auténtica profecía que se autocumple —una suposición que, por el mero hecho de haber sido formulada, hace que se cumpla lo que se ha presumido, esperado o predicho, confirmando así su veracidad y creando una realidad que sin ella no se habría producido (Watzlawick, 1981).

Imaginemos, por ejemplo, que entramos en la oficina y vemos que dos compañeros que estaban cuchicheando dejan de hacerlo en cuanto nos ven. La primera impresión podría ser que estuvieran hablando mal de nosotros; si lo creemos así, es muy probable que nuestra actitud con ellos sea fría y distante, cosa que provocará en ellos la misma frialdad y el mismo distanciamiento. En cierto modo tendremos la confirmación de que estaban tramando alguna cosa.

Saber gestionar la primera impresión es, por tanto, una habilidad fundamental para cualquier interacción estratégica, ya sea un diálogo o una conferencia. Si este aspecto básico de la comunicación se ignora, puede producir unos efectos desastrosos, porque por muy buenas y útiles que puedan ser mis razones, las impresiones que habré suscitado en el otro condicionarán en gran medida su juicio.

Si, como se ha visto con anterioridad, el hombre reconoce las formas mucho mejor que los contenidos, ¿cuáles son los elementos que deberán ser gestionados estratégicamente para crear una buena primera impresión?

La respuesta es simple y al mismo tiempo compleja: *todos los elementos predominantemente no verbales y visuales que preceden a la comunicación verbal propiamente dicha.*

En cualquier caso, tendremos que dar un *saltus* de paradigma lógico y acostumbrarnos a pensar que una videollamada tiene exactamente el mismo valor que una reunión presencial, en algunos aspectos potenciada y en otros limitada. De modo que si para una reunión formal presencial —de tipo profesional, asesoramiento empresarial, clase universitaria, sesión de terapia, *coaching* o conferencia— nos preparamos eligiendo la ropa o cuidando nuestro aspecto, lo mismo deberemos hacer para una sesión en línea; en ambos casos se trata de la denominada *comunicación no verbal estática.*

El hecho de estar sentados cómodamente en la silla de nuestro escritorio en casa no debe hacernos subestimar el impacto de nuestro aspecto en el otro. Si además pensamos que en una sesión en línea podemos llegar a miles de personas conectadas, cuidar nuestra estética se convierte en una necesidad. Esto no quiere decir que debamos vestirnos siempre igual, sino que, por el contrario: seleccionaremos la ropa y los accesorios en relación con el tipo de trabajo que vayamos a hacer y con el tipo de personas con las que vayamos a reunirnos.

Salir a escena telemáticamente es muy distinto a hacerlo en directo. En primer lugar, en la mayoría de los casos solo se expone la parte superior del cuerpo, de la cintura a la cabeza, y por tanto se prestará especial atención a esta parte. La postura de los hombros y de la cabeza es muy ilustrativa; para que estén erguidos, pero no rígidos, es importante mirar la pantalla como si mirásemos el horizonte, realizando lo que los antropólogos definen como «visión vestibular» (Nardone, 2020), esto es, alinear la mirada con los vestíbulos auriculares; esto nos permite mostrarnos ligeramente erguidos, interesados y receptivos.

Si tenemos en cuenta además que las cámaras de vídeo de los ordenadores o de otros dispositivos tienen una resolución muy alta, es fundamental cuidar todos los detalles de nuestro aspecto: desde la ropa —estilo y combinación de colores— hasta el peinado, maquillaje, joyas, barba, gafas, reloj y todos los accesorios que podamos llevar. Considerando que, en el mundo digital, donde el impacto visual está amplificado, una estética demasiado cuidada y recargada en los detalles produce efectos que no son positivos, es mejor elegir una imagen más sobria, atenta sobre todo a la combinación de colores. En otras palabras: no habría que aparecer con un «estilo presidencial», sino más «amable» y menos formal, ya que, de lo contrario, se acentúa la distancia y se convierte en distancia relacional. Evitar ofrecer una imagen excesivamente formal y estandarizada protege de ese exceso de perfección que crea una sensación de rigidez en el interlocutor, el cual podría percibirnos como «perfectos». Hay que aclarar que esto ocurre no solo cuando somos elegantes, sino también cuando somos «conformistas en el anticonformismo».

Por el contrario, si introducimos pequeños contrastes, como por ejemplo, en el caso de un hombre, un poco de barba o un cabello más largo de lo habitual sobre un traje elegante y, en el caso de una mujer, unos pendientes especiales, estas pequeñas disonancias suscitarán curiosidad o fascinación. En realidad, lo que estimula la curiosidad son los contrastes y no las asonancias formales; nuestra percepción se embota ante fenómenos visuales poco estimulantes, mientras que activa las emociones cuando encuentra disonancias en un contexto armónico.

La comunicación no verbal estática se considera a menudo, erróneamente, el aspecto más controlable y consciente, cuando en realidad la percepción que tenemos de nuestra estética rara vez coincide con la que les llega a los demás. Y si en persona podemos prestar atención al *feedback* que recibimos, en línea esta interacción se reduce al mínimo; la mayoría de las plataformas nos permiten vernos mientras hablamos, pero no al público o, a lo sumo, solo a una pequeña parte del mismo. Por tanto, aunque podemos observar nuestra imagen mientras hablamos —cosa que a menudo supone más una incomodidad que una posibilidad de evaluación crítica— no podemos interactuar ni medir nuestro impacto. Este límite hace aún más necesaria una preparación adecuada de nuestra imagen.

Tras haber evaluado y planificado la relevancia de nuestro aspecto, en la creación de la primera impresión comenzarán a desplegarse todos los elementos de la *comunicación no verbal dinámica,* como los gestos, la mirada, nuestra postura dinámica, la mímica facial y todos los aspectos paralingüísticos: el sonido de la voz, las pausas, los tonos, los timbres y ritmos de nuestro discurso, elementos que serán analizados detalladamente en los párrafos siguientes.

Para acabar, conviene recordar que la primera impresión, por muy estudiada y planificada que pueda estar, deberá parecer completamente normal, espontánea, como si detrás no hubiera una elaboración, y deberá armonizar con lo que vamos a decir, esto es, con nuestra comunicación verbal. Esto requiere mucha práctica, primero bajo la supervisión de un experto y luego por nuestra cuenta, hasta conseguir una forma de comunicar nueva y a la vez natural.

Tengamos siempre presente que las sensaciones y las impresiones a menudo son verdades anunciadas que nosotros mismos creamos. Como dice Fernando Pessoa: «Todo lo que sabemos es una impresión nuestra, y todo lo que somos es una impresión de los demás».

## Construir el propio escenario. El *setting* digital

> *La prueba de fuego de un hogar es*
> *que el visitante se sienta a gusto.*
> PHILIPPA TRISTRAM

Si ofrecer una imagen cuidada en la pantalla es un aspecto fundamental de la comunicación digital, no lo es menos el *setting* desde donde nos conectamos.

El fondo de la conexión, esto es, lo que se ve a nuestras espaldas es tan importante como a menudo subestimado.

En la mayoría de los casos no se cuida el ambiente que capta la cámara y, aunque pueda parecer un aspecto superficial, lo que el sujeto observa a nuestras espaldas dice de nosotros tanto como los otros factores comunicativos: el marco hace que cambie la percepción del cuadro.

Puesto que a algunas personas les resulta imposible organizar un espacio adecuado en su casa, muchas plataformas ofrecen la posibilidad de utilizar fondos ficticios. Sin embargo, en nuestra opinión, es preferible un contacto «real» también con el ambiente, y esta solución solo debería adoptarse en caso de extrema necesidad.

En vez de describir cómo organizar el fondo de la mejor manera posible, preferimos elaborar una lista de elementos que hay que evitar en la creación del *setting* de trabajo.

Para conseguir una comunicación digital óptima es mejor eliminar:

- **Ventanas, espejos o paredes de cristal.** Deberemos evitar trabajar teniendo a nuestra espalda cualquier cosa que pueda reflejar las imágenes, aunque sea mínimamente.

  Es posible, sobre todo cuando las videollamadas se producen en el ámbito doméstico, que algún miembro de la familia entre en la habitación. Si tras nosotros hay un cristal o un espejo, la imagen podría ser captada por la cámara y vista por la otra persona, con lo que se vulneraría su intimidad y nos haría parecer poco profesionales.
- **Puertas o habitaciones abiertas al paso.** Por el mismo motivo, hay que evitar siempre situarnos de espaldas a una puerta o a un espacio suficiente-

mente grande como para permitir que por él circule una persona. Por muy seguros que estemos de que nadie va a interrumpirnos, son numerosos los vídeos que circulan por YouTube y por otras redes sociales, algunos divertidos aunque otros claramente embarazosos, en los que se ve pasar a esposas, hijos, maridos, personal de servicio, etcétera.

Lo mejor es situarse lo más cerca posible de una pared para asegurarnos de que no nos sorprenderán «por la espalda».

— **Iluminación inadecuada.** La luz con la que la videocámara reproducirá nuestra imagen es fundamental. Igual que en un estudio de televisión, deberemos crear un juego de luces que ofrezca una imagen nítida.

Por tanto, evitaremos trabajar en ambientes demasiado oscuros o con luces que proyecten sombra sobre parte de nuestra cara.

Lo mejor es crear ambientes en los que nuestra imagen pueda ser contemplada sin excesiva luminosidad u oscuridad. Para conseguir este resultado es conveniente realizar pruebas y, si es necesario, comprar luces difusas adecuadas para las grabaciones de vídeo. En caso de que se quiera profundizar en este tema, en la red existen numerosos tutoriales; por otro lado, las luces pueden adquirirse por un precio bastante económico.

— **Fondos inapropiados.** Aunque dispongamos de una buena habitación o estudio, debemos centrarnos exclusivamente en el segmento que capta la videocámara.

Por tanto, si tenemos tras nosotros un mueble que combina muy bien con el ambiente de la habitación, pero que visto en la pantalla parece un mueble de cocina, tendremos que cambiar el fondo. Podría funcionar mejor una cortina barata, aunque a la vista nos parezca horrible, siempre que en línea combine con el ambiente. En general, deberemos evitar adornos demasiado llamativos o inadecuados.

- **Colocarnos de forma asimétrica.** Muchas veces se ven vídeos en los que la persona está mal encuadrada, es decir, demasiado a la derecha o demasiado a la izquierda. Lo óptimo es una toma central para no correr el riesgo de que el rostro quede fuera del encuadre, pues esto perjudicaría gravemente el impacto de nuestra comunicación.

- **Estar demasiado cerca o demasiado lejos de la videocámara.** Aunque no hay normas estrictas respecto de la distancia desde la que debemos ser filmados, procuraremos evitar todas las posiciones que resulten poco armoniosas o demasiado artificiales. También en este caso lo mejor es ir probando hasta encontrar la distancia justa que realce nuestra imagen.

- **No estar totalmente entregados a lo que estamos haciendo.** Puede ocurrir que, puesto que la persona o las personas con las que estamos interactuando solo nos ven parcialmente, nos creamos autorizados a desarrollar otras actividades de modo paralelo —escribir un mensaje en el móvil, controlar la notificación de una red social o incluso escribir un correo electrónico—. Aunque nos parezca que tales acciones pueden pasar desapercibidas, aconsejamos no hacerlo: no solo corremos el riesgo de no enterarnos de lo que está diciendo el otro, sino que si nos descubrieran perderíamos credibilidad.

Debemos pensar, una vez más, que una reunión virtual tiene el mismo valor que una reunión presencial, y en directo no consultaríamos (al menos eso se espera) el móvil mientras el otro nos está hablando.

– **Excederse en los controles técnicos.** Es esencial saber dominar la plataforma con la que trabajamos. Si se utiliza una nueva y todavía no se tiene suficiente experiencia, se debe practicar antes para resolver posibles problemas técnicos. Una vez iniciada una interacción debemos evitar excedernos con frases del tipo: «¿Me oyes bien?» o «¿me ves?», que solo deberían emplearse cuando sea realmente necesario. Las plataformas actuales, si tienen el soporte de una buena conexión a internet, no crean demasiados problemas. Incluso en este caso el objetivo es que la comunicación digital sea lo más natural posible.

– **No ser puntuales.** En el ámbito digital, los horarios de la cita deberán respetarse al máximo. Si en directo, según algunas teorías de gestión un poco *sui generis* de los años ochenta y noventa del siglo pasado, hacer esperar al interlocutor era una forma de puntualizar quién tenía el poder, en el ámbito en línea hacer esperar está muy mal visto.

Acudir con puntualidad a la cita digital es sinónimo de profesionalidad y fiabilidad, precisamente porque el otro se ha preparado para la videollamada. Hacerlo esperar delante de la pantalla de un ordenador o de un móvil no es como si estuviera en la sala de espera del propio despacho. Si por algún motivo tuviéramos que retrasarnos, lo mejor es avisar con tiempo, aunque sea con un simple mensaje.

En un mundo cada vez más rápido y cada vez más conectado, respetar el tiempo del otro es la columna vertebral de la profesionalidad.

En resumen, debéis crear un *setting* que os represente teniendo siempre en cuenta que el ambiente habla *por* y *de* vosotros; seleccionad, por tanto, lo que queréis que este comunique.

Por otra parte, como dice Wilde: «Nunca tendremos una segunda oportunidad para causar una buena primera impresión».

## El canto de las sirenas. La utilización estratégica de la voz

*Un pájaro no canta porque tenga una respuesta.*

*Canta porque tiene una canción.*

Proverbio chino

Como veremos en el párrafo siguiente, nuestro impacto no verbal, que suele ser el elemento predominante en un contacto personal, pierde gran parte de su fuerza en el ámbito digital. Por tanto, lo paraverbal es el acto comunicativo que predomina desde el punto de vista de la influencia y la persuasión.

Si empezamos a escuchar una voz cálida y profunda que nos sugiere suavemente que cerremos los ojos y nos lleva a visualizar imágenes, alternando un ritmo lento con suaves aceleraciones y palabras susurradas con otras bien pronunciadas, en pocos minutos nos encontraremos en un estado de relajación y de trance. Escuchar la voz de nuestro cantante favorito puede suscitar en nosotros una sensación de placer que provoca escalofríos, mientras que discutir con una persona de voz chillona puede resultar insoportable. La utilización de la voz influye enormemente en nuestros sentidos y orienta nuestras reacciones y, por tanto, tiene una importancia fundamental en la comunicación.

Saber utilizar bien la voz no es un don reservado a unos pocos elegidos, sino el fruto de un aprendizaje que puede llevarse a cabo mediante un ejercicio constante.

Roman Jakobson define todos los elementos que crean la musicalidad de nuestra habla como «aspectos suprasegmentales del lenguaje», que consisten en pausas, ritmo, tono de la voz, identificación e interpretación de lo que decimos.

Al analizar de manera más detallada estos aspectos, debemos tener presente que el timbre, el tono y el volumen de la voz deberán modularse para complementar los movimientos del cuerpo, los gestos y, obviamente, el contenido del discurso, es decir, la parte verbal.

Veamos algunos ejemplos. Si el diálogo que mantengo es relajado y mi postura también lo es, mi lenguaje paraverbal deberá tener asimismo un ritmo ni demasiado rápido ni demasiado lento, un tono adecuado y un volumen sin altibajos.

Si he de decir una cosa importante que quede grabada en la mente de la otra persona, deberé hacer una pequeña pausa, subir luego un poco el volumen y bajar el tono, articular bien las palabras y volver a hacer una pausa antes del final del enunciado.

Para que el oyente se sienta cómodo, habrá que ralentizar el discurso, bajar el volumen y moderar el sonido de la voz.

Si el objetivo, en cambio, es estimular, motivar y «despertar» a la otra persona, tendré que aumentar tanto el ritmo de las palabras como el volumen de la voz, pero de una forma armónica y musical; basta observar, a este respecto, a famosos entrenadores y *coaches* norteamericanos que poseen el arte de utilizar el lenguaje paraverbal y consiguen conmover a audiencias enteras más por *cómo* dicen las cosas que *por lo que* dicen. Por otra parte, en el arte dramático es una de las competencias fundamentales que ha de adquirir el actor para estimular la emoción del público. Incluso si estamos leyendo diapositivas deberemos hacer una interpretación adecuada, evitando una lectura mecánica y poco enfática.

Entrenar nuestra voz no significa, sin embargo, hacer cursos de dicción; al contrario: si aprendemos a recitar, nos arriesgamos a que nuestra comunicación resulte artificiosa y provoque desconfianza en los interlocutores. El discurso ha de parecer natural, incluso en sus expresiones más exageradas. Saber manejar la propia voz significa saber dominar la respiración, porque el control de la respiración es lo que nos permite, más que cualquier otra técnica, modular el sonido y las variaciones de ritmo y de volumen. En este sentido, el entrenamiento no dista mucho del de un actor o un cantante, pero, insistimos, todo deberá parecer natural, sin ningún fingimiento (Nardone, 2015).

Si nuestro trabajo es a escala nacional o internacional, deberemos tratar de reducir al mínimo los acentos dialectales y evitar «comernos las palabras», aprendiendo a articularlas enteramente sin cortar el sonido en la parte final.

Un ejercicio muy útil para aprender a manejar la propia voz es la lectura en voz alta. En este caso, al leer no nos limitaremos a reproducir lo que está escrito, sino que realizaremos una verdadera interpretación, identificándonos con lo que leemos, expresando todas las emociones que sentimos, poniendo el énfasis en algunos pasajes y pasando rápidamente por otros.

No es casual que en casi todas las religiones una de las técnicas de meditación consista en la lectura de textos sagrados en voz alta; de esta manera, la posibilidad de identificarse con lo que está escrito y el poder sugestivo de la propia escritura dan paso a nuevas interpretaciones y a nuevas sensaciones. Pensemos en la repetición de mantras o del rosario, de textos concretos del Talmud o de versículos específicos del Corán, capaces de suscitar un estado hipnótico en quien los recita y en quienes los escuchan, lo que confirma que un uso hábil de lo paraverbal potencia el efecto sugestivo de nuestro discurso y aumenta nuestra capacidad de persuasión.

Un último aspecto que no hay que subestimar es que la modulación de la voz también influye en el estado emocional del hablante. Si acelero el ritmo del discurso y elevo el tono de voz, aumentarán todos mis parámetros fisiológicos, como en una reacción de fuerte ansiedad. Las mismas sensaciones, debidas al efecto de las denominadas «neuronas espejo» (Rizzolatti y Sinigaglia, 2006, 2019; Rizzolatti y Vozza, 2007), se transmitirán a quien nos escucha, es decir, se agitará si nos percibe agitados y nos rechazará por nuestra ansiedad, o simplemente nos juzgará de manera despectiva. Si, por el contrario, reduzco la velocidad del discurso y bajo el volumen, articulando bien las palabras, me calmaré y aumentaré la sensación de autocontrol. Cuando regulamos la voz, indirectamente también controlamos la respiración (Nardone, 2015).

Por este motivo, si antes de presentarnos en público, tanto en directo como en línea, sentimos que estamos agitados y ansiosos, deberemos empezar el discurso hablando lentamente y sin elevar el tono de voz.

Todo esto es más decisivo aún cuando se trabaja en línea: debemos aprender a manejar nuestra voz, porque su musicalidad será precisamente lo que marque la diferencia: el efecto musical de nuestro discurso se considerará en el ámbito digital el elemento fundamental del proceso de persuasión.

La armonía sonora que crean las palabras, unida a la disonancia musical de las frases pronunciadas, afectará a los sentimientos del oyente mucho más que cualquier argumentación sofisticada; cuando estamos delante de una pantalla siempre debemos pensar que, si bien el contenido puede influir en la comprensión, es el sonido de las palabras lo que hace «sentir» y emociona. Saber seleccionar las palabras adecuadas y saberlas interpretar correctamente se convierte, por tanto, en el núcleo de la persuasión en línea.

Por otra parte, como dice Victor Hugo, «lo que no se puede decir y lo que no se puede callar lo expresa la música».

## Mírame, te sonrío. La mirada y la mímica facial

> *Se limitó a mirarme. Aquella mirada*
> *me dijo todo lo que había que decir.*
> CHARLES BUKOWSKI

En una interacción no filtrada por instrumentos técnicos la mirada es, sin duda, el elemento de comunicación no verbal más potente del que disponemos.

Demos un salto atrás en el tiempo e imaginemos a los consejeros de los emperadores chinos, quienes, simplemente con la mirada, daban a entender que una determinada decisión era correcta o debía ser descartada.

Pensemos en la sugestión que expertos psicoterapeutas estratégicos, a través del contacto ocular, consiguen inducir hoy en el otro para crear rápidamente un estado hipnótico (Nardone, 2020).

Recordemos, por último, la riqueza de significado de las miradas entre dos enamorados o entre madre e hijo: sin necesidad de decirse nada se comunican un sentimiento profundo.

Estos ejemplos nos muestran que el contacto ocular es el instrumento más poderoso que posee un ser humano para influir en las otras personas o en los otros seres. Por otra parte, la vista es el sentido que ha permitido en mayor medida la supervivencia de nuestra especie.

Una mirada bien calibrada puede provocar, seducir, molestar y también crear dudas, tristeza, miedo y angustia; así que una buena gestión de la mirada resulta fundamental para establecer una buena relación.

En otras obras (Nardone, 2020; Nardone *et al.,* 2006) se describen extensamente las técnicas que posibilitan que utilicemos la mirada para que exprese todo su formidable poder en los procesos de influencia; sin embargo, las cosas cambian cuando estamos en línea.

La tecnología reduce el impacto de la mirada y anula el poder sugestivo e hipnótico del *gazing,* esto es, del contacto ocular persistente, y la falta de profundidad debida al achatamiento de las proporciones en la visión bidimensional, unida al hecho de que la imagen es una reproducción, por muy bien hecha que esté, de nuestra propia imagen, nos impide utilizar de manera eficaz lo que durante milenios ha constituido el fundamento de la comunicación humana y de todos los animales. Por este motivo, en el párrafo anterior hemos hecho mucho hincapié en la utilización de la voz: porque en la comunicación en línea es esta última la que asume el papel de elemento dominante en la persuasión y en la influencia sobre el otro.

En el mundo digital es prácticamente imposible estar seguros de que la persona que tenemos delante a nivel virtual nos está mirando a los ojos; y aunque así fuese, el efecto sería totalmente distinto al de una comunicación «en vivo» cara a cara.

De hecho, cuando estamos delante de una persona, mirarla a los ojos de manera fija y prepotente provoca en ella una sensación de rigidez que inspira un deseo atávico de huida o de agresión; como prueba de ello bastaría una cita etológica: si tú miras fijamente a los ojos de un perro confiado y tendencialmente reactivo, este te atacará para defenderse, porque esta comunicación representa un desafío agresivo de verdad (Nardone *et al.*, 2006). Pero la mirada también puede seducir más que cualquier otro tipo de comunicación —piénsese en el flechazo, esa especie de rapto de los sentidos que se produce en el instante en que se cruzan las miradas—. Una mirada intensa, dulce y apasionada puede derretir cualquier hielo relacional, conmover, hacernos sentir unidos al otro y comprendidos incluso en nuestra fragilidad. En el mundo digital esto no ocurre; en línea podemos vernos, pero no podemos establecer un contacto ocular interactivo.

En cambio, lo que se resalta en una comunicación digital son las microexpresiones faciales (Ekman y Friesen, 1975). Y esto sucede por dos motivos: el primero es que la comunicación digital es más lenta que la comunicación en directo y ello permite observar mejor al otro; el segundo, porque estamos menos ocupados desde un punto de vista sensorial, nuestra atención es mayor y, por tanto, también lo es nuestra capacidad de observación.

Por eso, el instrumento en el que, junto con la voz, debemos centrarnos para conseguir una comunicación eficaz en línea es el conjunto de los movimientos y de las expresiones de nuestro rostro, empezando por la sonrisa.

Es una obviedad afirmar que una sonrisa atenúa las posibles tensiones y predispone al contacto interpersonal, del mismo modo que los gestos de afirmación de nuestro interlocutor nos hacen sentir seguros y gratificados (Nardone *et al.,* 2006). No obstante, debemos procurar no exagerar con la sonrisa: si es excesiva u ostentosa podría interpretarse como falsa, lo que provocaría un efecto de rechazo y resistencia (pensemos en ciertos personajes del mundo político).

Veamos tres tipos de sonrisa en concreto:

- **Sonrisa con la boca abierta.** En este caso, la sonrisa es el preludio de una risa auténtica y solo debe utilizarse en los casos en que realmente haya algo de lo que reírse.
- **Sonrisa con la boca cerrada.** Es el tipo de sonrisa que aconsejamos utilizar la mayoría de las veces. Su versatilidad permite utilizarla en distintos contextos y situaciones: por ejemplo, puede usarse para buscar un acuerdo, para calmar una situación de tensión, para dar la bienvenida o despedirse y también para crear sintonía y empatía.
- **Sonrisa con la boca cerrada y los labios hacia dentro.** Este tipo de sonrisa solo debe utilizarse en

aquellas situaciones en las que la otra persona nos está explicando algo triste y doloroso. Insinuar una sonrisa con los labios hacia dentro y cerrar al mismo tiempo los ojos transmite al otro la sensación de que compartimos y comprendemos su dolor.

En cualquier caso, conviene recordar que el impacto de una sonrisa cambia según el tipo de mirada que se utilice: en realidad, basta abrir o cerrar más los ojos para cambiar el significado de nuestra sonrisa. Es especialmente importante «el efecto pupila dilatada» (Nardone, 2020; Sirigatti *et al.*, 2008), esto es, combinar la sonrisa con una mirada que dilata las pupilas y las hace brillar más, que es uno de los efectos sugestivos y seductores más potentes. No es fácil aprender a reproducir voluntariamente esta expresión no verbal, que nos sale de forma natural en momentos de intenso placer o sorpresa, pero que, con un buen entrenamiento, podemos lograr; los resultados merecerán la pena.

Otro elemento importante para utilizar en el ámbito digital es el guiño.

Malcolm Gladwell (2000) señaló que si durante una negociación conseguimos establecer una dinámica de *guiños* no verbales con el otro las posibilidades de éxito y de llegar a un acuerdo aumentan en un 70%.

En cuanto a la mímica facial, no necesariamente tenemos que respetar los criterios de coherencia con lo verbal; al contrario: a veces es justamente el contraste o la contradicción entre estos dos planos lo que produce un gran impacto comunicativo.

En concreto, hay situaciones en las que comunicar de manera ambivalente puede servir para desbloquear la rigidez del interlocutor: por ejemplo, decir algo hiriente con una sonrisa serena, una mímica facial relajada y una mirada dulce (Nardone *et al.*, 2006).

Un uso hábil de la mímica facial y de la comunicación paraverbal nos permite aumentar la capacidad de sugestión en el otro incluso en línea. También en este caso vamos a indicar qué errores debemos evitar cuando estamos delante de una videocámara:

- **Mirar fuera de la pantalla.** Puede ocurrir que mientras trabajamos en línea nuestra mirada sea atraída por alguna cosa de la habitación. Deberemos evitar al máximo desviar la mirada y apartarla de la pantalla, porque el interlocutor no puede saber qué está ocurriendo. Esto comporta una pérdida de atención y puede suscitar en el otro la idea de que alguien ajeno está escuchando.

  En cambio, si bajamos la mirada y la devolvemos a la cámara, daremos la impresión de que estamos reflexionando y de que estamos interesados, pero no debemos exagerar y trataremos de dirigir nuestra mirada a la cámara lo máximo posible.

- **Mirar lejos de la videocámara.** Si mantenemos la mirada en dirección a la pantalla, pero la imagen que estamos observando está lejos de la videocámara, el interlocutor notará claramente que no estamos alineados y se verá obligado a hablar con alguien que mira hacia otro lado.

  Habría que mirar a la cámara lo máximo posible; para simplificar esta tarea, deberemos colocar la imagen del otro o la nuestra cerca de la cámara.

- **Jugar con las expresiones faciales.** Al observar nuestra imagen en la pantalla puede que nos intrigue ver cómo aparecemos y que nos divierta modificar nuestras microexpresiones faciales. Es mejor evitar este «juego», pues puede distraernos y apartarnos del contacto con los interlocutores.

Si bien es cierto que las expresiones faciales son más evidentes y potentes en línea, deberemos evitar repetirlas demasiado a menudo, ya que esa repetición disminuye su efecto y las hace previsibles en vez de estimulantes y sorprendentes.

Para acabar: saber utilizar nuestra mirada, combinada de manera adecuada con la sonrisa y la mímica facial, es importante para comunicar eficazmente en línea, aunque la potencia de estas herramientas queda reducida respecto de la que expresan en un encuentro en directo.

Retomando las palabras del famoso poeta persa Mosleh Ibn Abdollah Sadi, más conocido como Shirazi: «Un bello rostro es la llave para las puertas cerradas».


## El cuerpo como instrumento. La proxémica, la postura y los gestos

*Cada gesto de un ser humano es sagrado y está cargado de consecuencias.*
PAULO COELHO


El conjunto de posturas y movimientos de todo el cuerpo también forma parte de la comunicación no verbal. Si bien es cierto que estos indican el estado emocional de la persona, hay que tener en cuenta que la postura, los gestos de las manos y los movimientos de la cabeza o de los pies cambian de significado según el contexto cultural. Por eso no puede haber un sistema de descodificación único y replicable, como afirman muchos libros que tratan sobre este tema que, curiosamente, la mayoría de las veces no están escritos por estudiosos cualificados, sino por *coaches,* motivadores y otras figuras del ámbito del crecimiento personal y del *coaching.* Pensar que ciertas posturas tienen un significado unívoco —como cuando, invariablemente, se asocian los brazos cruzados a una actitud de cierre— supone basarse en creencias sin fundamento, como demostraron P. Ekman y W. Friesen (1975). Pensemos que, si en el mundo occidental asentir está codificado en el movimiento de bajar y subir la cabeza varias veces, en India para asentir hay que mover la cabeza de lado, movimiento que en nuestra cultura se identifica mucho más con un gesto de negación.

El convencionalismo de ciertos gestos enseña a no temer que cosas como tocarse la nariz, arreglarse el cabello o acariciarse la barba indiquen forzosamente que una persona está mintiendo o que está inquieta, como afirman algunas creencias populares. Por el contrario, si estos gestos se hallan en armonía con los otros aspectos comunicativos, nos harán parecer interesados e implicados en la exposición del otro. Analizar un solo factor y sus posibles efectos sin tener en cuenta el contexto y su interacción con el flujo constante de la comunicación es una operación reduccionista y poco útil para un conocimiento operativo y efectivo de esta parte de la comunicación no verbal (Nardone *et al.,* 2006).

Como en el ámbito digital la mayoría de las veces la grabación es de medio cuerpo, deberemos gestionar bien los movimientos de la cabeza y de las manos, a la vez que mantenemos una postura adecuada.

Si queremos sintonizar con la otra persona, los movimientos de la cabeza deberán ser suaves, alternando la inmovilidad y los gestos de asentimiento; si deseamos mostrar interés, podemos inclinar ligeramente la cabeza unos segundos hacia la derecha o hacia la izquierda y luego volver al centro.

Además de mover la cabeza podemos tocarnos la cara con movimientos lentos y circulares, como los de un masaje, evitando las sacudidas y la rapidez típicas del rascado.

Cuando gesticulamos, debemos procurar que el gesto sea captado por la videocámara, ya que puede ocurrir que, llevados por el flujo de la comunicación, reforcemos la parte verbal con movimientos de las manos que no son captados por el interlocutor porque la videocámara no los graba.

También hay que procurar que el movimiento de las manos no cubra la cara: el resultado, en una representación carente de tridimensionalidad, sería poner una imagen sobre otra, ocultando el rostro.

La postura ha de ser armoniosa, nunca forzada o rígida; deberemos mantenernos centrados, evitando relajaciones y «descontroles» disonantes. Recordemos que el interlocutor solo tiene una visión parcial y que podemos transmitir una imagen de desgana, exceso de relax y, por tanto, de poca profesionalidad.

En la misma medida, un exceso de rigidez en la postura transmite tensión y, en consecuencia, una sensación de poca seguridad por parte de quien comunica.

En cuanto a la proxémica, debemos acercar el cuerpo a la pantalla cuando queremos transmitir interés o vamos a decir algo importante, siempre con movimientos flexibles y armónicos.

En la comunicación digital corporal son especialmente relevantes los movimientos de la cabeza, tanto de arriba abajo como de lado o hacia delante y hacia atrás, no solo porque la pantalla destaca esta parte del cuerpo, sino también porque, como bien saben los hipnotizadores experimentados, ciertos movimientos son muy sugestivos para mantener la atención del interlocutor e influir en él. Nunca hay que olvidar, a este respecto, a los encantadores de serpientes, que hipnotizan al animal, que es sordo, no con el sonido de la flauta sino con sus movimientos de cabeza asociados a la mirada, en constante contacto con la del reptil.

Conviene destacar también que todos los elementos que hemos analizado deben armonizarse con los cambios en el tono de voz y con las pausas, las aceleraciones y las desaceleraciones del discurso; en otras palabras: los aspectos no verbales, paraverbales y verbales deberán sintonizarse y armonizar entre sí para obtener una interacción sugestiva y persuasiva.

Al fin y al cabo, es bien sabido que «el conjunto es mucho más que la suma de las partes».

# 3. La persuasión digital

*Cuando se quiere reprender útilmente y mostrar a otro que*
*se equivoca, hay que observar el lado desde el que encara el*
*asunto, pues este generalmente es verdadero desde ese*
*punto de vista, y confesarle esta verdad, pero descubrirle*
*también el lado desde el cual el asunto es falso.*

BLAISE PASCAL

## Malentendidos, repeticiones y redundancias

Un hombre camina por la calle y ha olvidado el teléfono y
el reloj en casa. Temiendo llegar tarde al trabajo y sin saber
qué hora es, detiene a una transeúnte y le pregunta:

—Perdone, ¿sabe qué hora es?

La mujer se da la vuelta, le mira a los ojos y responde:

—Claro que sé qué hora es.

El hombre deja pasar unos segundos, esperanzado, y después le pregunta:

—¿Puede decirme qué hora es?

—Sí, puedo decírselo.

El hombre, pasmado, replica:

—¿Tiene un reloj?

—Sí, ¡claro! Tengo un reloj.

El hombre, estupefacto, insiste:

—¿Ha entendido lo que le he preguntado?

—Claro que lo he entendido.

En ese momento el hombre, atónito, exclama:

—¿Qué hora es?

—Las ocho cincuenta —responde tranquilamente la mujer.

Este ejemplo pone en evidencia que nuestra intención de comunicar algo no necesariamente coincide con el efecto que creamos. Este simpático diálogo resulta un poco *sui generis,* pero no es raro encontrarse con dinámicas de malentendidos comunicativos de este tipo en nuestra vida diaria.

Todos hemos discutido al menos una vez en la vida con nuestra pareja por algo que ha sido malinterpretado; además, el 90% de las discusiones que se producen en el hogar se basa más en «cómo» se ha dicho una cosa que en «qué» se ha dicho.

Frases como: «tienes razón, pero me ha disgustado el tono con que lo has dicho», o bien: «mi jefe ha aprobado el proyecto, pero no me parecía convencido. Probaré a pedírselo otra vez» son interpretaciones, a menudo erróneas, que hemos dado a determinada comunicación. Respuestas del tipo: «Perdóname, no era mi intención hacerte sentir mal. Solo quería decirte que...», o bien: «Nunca quise que pensaras eso de mí por lo que te dije...» son las clásicas reacciones de quien quiere transmitir un mensaje, pero transmite otro. En la comunicación cuenta mucho más lo que llega, esto es, la sensación que se activa en el destinatario del mensaje que la intención de quien comunica.

Ciertamente, las intenciones personales son decisivas y no hay que ignorarlas, pero en un proceso de comunicación, en sus efectos pragmáticos, lo que activa el sentido de la relación y determina la eficacia de la comunicación es lo que el otro percibe en realidad, no lo que yo querría que entendiese o sintiese.

Cuando comunicamos, debemos tratar de ser lo más estratégicos posible respecto del efecto que deseamos conseguir.

A este respecto, Platón advertía: «Un discurso claro y perfecto está determinado por cuatro cosas: por lo que hay que decir, por cuánto hay que decir, por las personas a las que hay que dirigirse y por el momento en que hay que decirlo. Lo que hay que decir debe parecer útil a quien escucha; cuanto hay que decir ha de ser ni más ni menos que lo suficiente para hacerse entender; en cuanto a las personas a las que se dirige, hay que tenerlo muy en cuenta; en cuanto al tiempo, hay que hablar en el momento oportuno, ni antes ni después. De lo contrario no se hablará bien y se fracasará» (cit. en Roncoroni, 1993).

El malentendido está en la base de todo fracaso relacional y comunicativo; en cambio, saber comunicar con eficacia significa conseguir los objetivos fijados en el menor tiempo posible y con la mayor eficacia.

Es ilustrativo, en este sentido, el ejemplo de la pareja de jóvenes que sale a cenar por primera vez:

Ella va muy arreglada, es amante del deporte y de mantenerse en forma; él, más intelectual y menos inclinado al esfuerzo físico, siempre se ha avergonzado de tener un cuerpo delgado y nada atlético.

La velada es perfecta y culmina con una última copa en casa de él, preámbulo de una noche de pasión.

A la mañana siguiente, mientras desayunan, entre un gesto de afecto y una broma ella pronuncia esta frase: «Para mí el aspecto físico es lo más importante».

Para él es como recibir un golpe de KO de un peso pesado.

Una ducha de agua fría.

Piensa en su cuerpo, no precisamente tonificado, en los abdominales inexistentes y en los pectorales invisibles. Se bloquea y no consigue responder.

Tras una cena maravillosa y una noche estupenda siente que no merecía esta afrenta. Terminan de desayunar y se despiden.

Él decide no volver a llamarla, creyendo que no está a la altura de los estándares de ella; piensa que probablemente está acostumbrada a hombres fornidos, y la noche pasada no ha sido más que una diversión. Ella, por su parte, está en el séptimo cielo, idealizando a su encantador intelectual. Está ansiosa por repetir la experiencia.

Los días siguientes espera una llamada de él, que no llega. Intenta llamarlo, pero no hay nada que hacer: no contesta.

Triste y decepcionada, decide olvidarlo: «es como los demás», piensa.

Si él hubiese comprendido que con la frase «para mí el aspecto físico es lo más importante» lo que ella quería decir es que apreciaba los abrazos y las caricias de la noche pasada, esto es, el *contacto,* no la estética sino la relación física, se habría comportado de manera completamente distinta. Igualmente, si ella hubiese elegido con más cuidado las palabras y las formas de comunicar lo que quería transmitir, no se habría producido el malentendido y la relación habría continuado.

Si la posibilidad de ser malinterpretado ya es muy alta en una interacción en directo, las cosas se complican cuando nos comunicamos delante de una pantalla; si la precisión estratégica de una comunicación siempre es necesaria, lo es aún más cuando nos comunicamos digitalmente.

Por desgracia, la corrección del lenguaje no puede ser, como cabría pensar, el único remedio ante la posibilidad de malentendidos, y por eso debemos utilizar más lo que en el estudio de la comunicación estratégica se conoce como *redundancia,* que no hay que confundir con la repetición. Si esta última es la posibilidad de intensificar un concepto utilizando las mismas estructuras lingüísticas, la redundancia consiste en enfatizar el mismo mensaje utilizando esquemas comunicativos semejantes o completamente diferentes. Si la repetición se centra en los aspectos sintácticos, la redundancia lo hace en el aspecto semántico, esto es, en el significado que queremos transmitir, propuesto de maneras distintas y sugestivas.

Añadamos también que, desde un punto de vista estratégico, hay que evitar las repeticiones porque provocan en el interlocutor un efecto exactamente opuesto al que queremos obtener, es decir, el rechazo o la censura por aversión al enunciado repetido. Por ejemplo, si queremos vender una cosa la mejor manera de no conseguirlo es repetir las mismas frases utilizando las mismas modalidades comunicativas, ya que nos considerarán insistentes y pesados. En cambio, si nos centramos en los beneficios que produciría la compra y los describimos varias veces usando modalidades y términos diferentes, transmitiremos el mensaje con más profundidad sin ser insistentes y crearemos así una sugestión persuasiva. En este caso estamos utilizando la redundancia.

A efectos didácticos, es útil distinguir el uso de la redundancia durante la fase de escucha y comprensión del uso al dar una indicación.

Watzlawick describe el concepto de «redundancia» como el conjunto de esquemas comunicativos observables durante una interacción. Observar lo que se repite tanto en el plano lingüístico como conductual permite definir las características generales de un sistema o de un individuo frente a la propia realidad.

En otras palabras: ser capaces de observar las redundancias comunicativas del otro ayuda a intuir su sistema perceptivo reactivo,[4] esto es, su modelo de percepción y reacción frente a la realidad. Esta intuición deberá ser comprobada luego por el análisis de las estrategias redundantes de solución intentada[5] adoptadas por él para enfrentarse a sus problemas o dificultades.

Para describir el efecto que produce la observación de la redundancia, Watzlawick utiliza el juego del ajedrez.

Aceptemos el juego del ajedrez como un modelo conceptual y supongamos que hay un individuo externo que observa la partida sin conocer las reglas.

4. En psicoterapia breve estratégica el sistema perceptivo reactivo es la modalidad redundante de percepción y reacción de un individuo frente a la realidad, que se expresa en el funcionamiento de los tres tipos fundamentales de reacción interdependientes: la relación entre sí mismo y sí mismo, la relación entre sí mismo y los demás y la relación entre sí mismo y el mundo.

5. La solución intentada define los intentos hechos tanto por la persona que presenta un problema como por aquellas con las que está en relación (incluidos los compañeros, los amigos, los anteriores terapeutas, el personal médico), para tratar de resolver, aunque infructuosamente, el problema mismo.

El observador pronto verá que la actuación de los jugadores muestra distintos grados de repetición y de redundancia, de los que se pueden extraer conclusiones bastante significativas. Por ejemplo, enseguida se ve que hay una sucesión de movimientos, es decir, que después del movimiento de un jugador le corresponde al otro mover una pieza sobre el tablero.

Más difícil, aunque también posible, será deducir las reglas que siguen los jugadores para mover las piezas: observar, por ejemplo, que los alfiles solo se mueven en diagonal, mientras que las torres solo lo hacen horizontalmente, etcétera. Cuanto menor sea la redundancia observada, mayor será la dificultad de comprensión: en este caso dependerá tanto de la irregularidad de la frecuencia con que se desplaza cada pieza como de la cantidad de movimientos que se pueden hacer. Será extremadamente complejo, por tanto, identificar y deducir las reglas de movimientos poco frecuentes, como por ejemplo el enroque (Watzlawick, 1971).

Lo más maravilloso en la observación de las redundancias es la posibilidad de deducir reglas o esquemas sin necesidad de pedir información; el observador podrá deducir correctamente las reglas generales del juego de ajedrez sin haber preguntado nada. De ahí que desarrollar la capacidad de observar las redundancias sea un elemento esencial para comunicar eficazmente, ya que nos permite sintonizarnos con los modelos mentales, emocionales y conductuales del otro y, por tanto, activar con él un proceso comunicativo persuasivo.

Por otra parte, ya Aristóteles advertía a sus alumnos: «Los que escriben discursos tienen éxito más por la elocución que por el pensamiento».

# La argumentación, la retórica y la sintonía

*Las afinidades empiezan a ser interesantes
cuando provocan separaciones.*
JOHANN WOLFGANG VON GOETHE

«Dame, Señor, a conocer y entender si es primero invocarte que alabarte o es antes conocerte que invocarte. Mas ¿quién habrá que te invoque si antes no te conoce? Porque, sin conocerlo, fácilmente podrá invocar una cosa por otra. ¿Acaso, más bien, no habrá de ser invocado para ser conocido? Pero, ¿y cómo invocarán a aquel en quien no han creído? ¿Y cómo creerán si no se les predica?».

San Agustín comienza así sus *Confesiones* (1979), con una serie de preguntas y respuestas que de forma magistral llevan al lector a reflexionar sobre su conocimiento de Dios, en un monólogo que parece mucho más que una simple reflexión, porque pone en duda la certeza del conocimiento de Dios hasta el punto de introducir la necesidad de un guía: «¿Y cómo creerán si no se les predica?». El lector es invitado suavemente a dejarse guiar en el camino del conocimiento de lo que no sabe.

Si el santo obispo de Hipona hubiese comenzado su obra afirmando que el lector no conocía a Dios, y que lo que creía saber eran simplemente fantasías producto de su ignorancia, es probable que su obra hubiera tenido mucho menos éxito, y, en cambio, se considera un hito del cristianismo.

Este espléndido ejemplo nos introduce en el tema del noble arte de la persuasión y, en especial, de la habilidad de conducir hacia uno mismo al otro mediante sofisticadas maniobras de *argumentación*.

Tras recordar la afirmación del barón Thomas Macaulay: «La finalidad del arte de la oratoria en sí misma no es la verdad sino la persuasión», y de acuerdo con Elster (1979), consideramos que hay dos grandes escuelas de esta disciplina: la de Descartes, racionalista aristotélica, y la de Pascal, de carácter sofista y sugestivo (Watzlawick y Nardone, 1997). La primera basa el proceso persuasivo en la demostración intelectual razonable; en otras palabras: la argumentación y la demostración racional basadas en la lógica aristotélica de los principios de identidad, de no contradicción y del tercio excluido se convierten en el eje del convencimiento del otro. De este modo se cree que, una vez que se ha guiado a la persona a conocer lo «verdadero», a evitar las contradicciones y a ser coherente con estos presupuestos, el proceso persuasivo está realizado. Es decir, la persuasión pasa por compartir los contenidos semánticos propuestos, cosa que se consigue dialécticamente mediante una disputa o negociación racional y demostrativa (Nardone *et al.,* 2000).

La perspectiva estratégica, por el contrario, se basa en la retórica sofista y en el uso de sugestiones y, por tanto, no se basará en los contenidos, sino en la forma de la comunicación capaz de producir determinados efectos pragmáticos (Nardone, 2020).

Un ejemplo ilustrativo de esta atención a la forma nos la proporciona Cicerón en su *De oratore,* cuando enumera las formas de lograr que una comunicación sea persuasiva: asumir de entrada una postura modesta y exponer luego las tesis sólidas, validándolas con citas o ejemplos de grandes personajes; no detenerse apenas en los argumentos débiles; volver a los sólidos y entretenerse en ellos cambiando las palabras utilizadas, pero manteniendo firmemente su sentido; acabar con un sugerente «efecto eco» mediante una imagen o una frase evocadora que quede fijada en la mente del que escucha (Nardone, 2015).

Saber argumentar con eficacia es, por tanto, la manera en que se presenta una determinada tesis para que sea aceptable. El primer objetivo en un proceso de *argumentación* estratégica es conseguir que la postura propia resulte primero fascinante y luego razonable, después convincente y, por último, la más correcta de todas las posibles; se trata, pues, de cambiar el significado de las cosas a través de la forma en que se organizan y presentan (Nardone, 2015). Poseer una buena capacidad retórica de este tipo significa también desarrollar esa flexibilidad en la comunicación que nos permita adaptar nuestra elocución a la persona que tenemos delante. Los oradores expertos saben valorar muy bien el contexto y el público al que se dirigen y por eso saben modular su discurso: sencillo con personas sencillas y articulado con un público más especializado.

Otra característica fundamental de la capacidad retórica es saber expresar plenamente el propio pensamiento y las propias posturas sin presentarlas nunca como las únicas válidas, sino, en todo caso, como las más eficaces. Esto significa evitar sentencias directas y argumentar, en cambio, de forma ingeniosa mediante un uso inteligente del lenguaje, que ha de ser claro y accesible, pero también utilizar paráfrasis, analogías, antinomias lógicas sorprendentes y proponer distintos puntos de vista, todo esto a fin de dirigir «naturalmente» hacia lo que se pretende que el interlocutor sienta y comprenda. Una argumentación estratégica ha de producir un efecto de naturalidad, como de agua que fluye de arriba abajo.

Para lograr este objetivo, como hemos explicado en otras obras dedicadas a este tema (Nardone, 2015, 2020;

Nardone y Watzlawick, 1990), el comunicador estratégico ha de poseer, además de notables habilidades como *performer* del lenguaje no verbal y paraverbal, elevadas competencias retóricas. Todo esto representa la base necesaria para que la comunicación, que como hemos visto es un acto complejo, se desarrolle con fluidez y con naturalidad y que, en virtud de ello, se cree una atmósfera de *sintonía* entre los interlocutores. Una conexión relacional especial que no es empatía, sino una interacción que hace converger el sentir de los interlocutores; un flujo comunicativo gracias al cual entre los individuos implicados se crea una especie de danza armónica y placentera, que podrá evolucionar hacia una relación empática o quedarse en una simple emoción de contacto agradable con el otro, con el que incluso podemos seguir manteniendo opiniones divergentes y discutir, disfrutando del intercambio de puntos de vista. De este modo, el diálogo fluye sin obstáculos y se produce un armónico intercambio relacional e intelectual en el que tanto el otro como nosotros estamos concentrados pero sin esfuerzo, atentos pero sin ser controladores, centrados pero perceptivos, abiertos al intercambio emocional y cognitivo y, por tanto, al cambio.

Favorecer la sintonía es una parte importante del arte de la retórica, y para ello hay que adoptar de manera estratégica la postura relacional complementaria a la del otro y no necesariamente calcar sus modalidades: convertirse en la otra parte del diálogo, del intercambio de puntos de vista y de inteligencias, como indica la etimología de esta palabra. Crear este intercambio armónico ofrece la posibilidad de abrir a nuevas perspectivas las dos mentes que interaccionan. Para ello, en vez de buscar un acuerdo negociado sobre los contenidos o de hacer de espejo del otro sin añadir nada al intercambio comunicativo, como indican los partidarios de la empatía, será decisiva la forma de la propia comunicación.

Parafraseando a Goethe, nos asociamos más por afinidad que por semejanza. Y, como enseña la antigua sabiduría china, «la palabra aquí no sirve para hablar, sino para inducir al otro a hacerlo; no pretende expresar los propios sentimientos, sino hacer que el otro muestre los suyos: a fin de poder adaptarse a él y, por consiguiente, ser bien recibidos y, por tanto, creídos» (Jullien, 1996).

## En el principio era el Verbo. La palabra, el lenguaje y la estructura de la elocución

> *Los límites de mi lenguaje son los límites de mi mundo.*
> *Solo conozco aquello para lo que tengo palabras.*
> LUDWIG WITTGENSTEIN

El poder de la palabra y de sus consecuencias es bien conocido desde la Antigüedad; basta pensar en las palabras con que comienza el Evangelio de Juan: «En el principio era el Verbo, y el Verbo era con Dios y el Verbo era Dios».

«Vivimos en un mundo semántico», observaban Humberto Maturana y Francisco Varela (1984), esto es, la construcción de nuestra realidad es un continuo intercambio entre percepción, reacción y su expresión lingüística, que a su vez determina una nueva percepción —lo percibido— donde lo que queremos comunicar es transformado en lenguaje a través de la palabra.

Es obvio que elegir unas determinadas palabras en vez de otras para describir un fenómeno concreto producirá efectos distintos tanto en el interlocutor como en nosotros mismos. Una comunicación eficaz exige una selección adecuada de las palabras que componen el enunciado. Decirle a una persona: «Tu problema es...», en vez de «tu punto crítico es...», establecerá una diferencia y provocará un cambio en la percepción de la realidad que está viviendo.

«Las palabras eran originalmente mágicas» es la cita bíblica que Sigmund Freud utilizaba para evidenciar el poder de la palabra y del diálogo entre el analista y el paciente. La magia de la palabra consiste, pues, en la creación de sensaciones, percepciones e imágenes que constituirán la realidad subjetiva de cada individuo.

Desde la perspectiva estratégica, los problemas y las soluciones son el producto de la interacción entre el sujeto, la realidad percibida y la comunicación que se establece consigo mismo, con los otros y con el mundo. J. L. Austin afirmaba que nuestra interpretación de la realidad depende de las categorías que imponemos al mundo, y en su mayoría son lingüísticas, es decir, nuestra realidad la produce nuestro lenguaje.

Un hecho cambia de significado según cómo lo describimos, y ahí es donde nace la realidad de muchas realidades: no hay un mundo, sino muchos mundos distintos, un número inmensamente grande de mundos y realidades para comunicar y comunicarse (Škorjanec, 2000).

El conjunto de las palabras y de sus efectos constituye el lenguaje. El lingüista Roman Jakobson estudió las funciones del lenguaje y las organizó en categorías; en relación con la comunicación digital son especialmente importantes las que Jakobson denomina *función fática*, *función conativa*, *función referencial* y, por último, *función expresiva*.

Por «función fática» se entiende la captación de la atención mediante la utilización de sugestiones o enunciados que sorprendan al interlocutor. Siempre deberemos comenzar nuestra elocución con una frase evocadora: un aforismo sorprendente, un relato breve, una máxima esclarecedora o una cita impactante. El objetivo es despertar el interés de la persona o personas que se han conectado para escucharnos y captar inmediatamente su atención.

Otra modalidad consiste en plantear una pregunta y estimular una reflexión sobre un determinado tema, como hemos visto que hace san Agustín al comienzo de las *Confesiones*. Se trata de una técnica que practicaron magistralmente los oradores de la escolástica medieval.

Tras haber captado la atención del auditorio, pasaremos a la fase siguiente, en la que actúa la «función conativa»: expondremos entonces el objeto de nuestra comunicación de la forma más sencilla y explícita posible, utilizando ejemplos concretos o analogías adecuadas para reforzar los argumentos lógicos y descriptivos. El uso de citas y ejemplos ilustres proporciona más fuerza y credibilidad a los significados expresados.

Para potenciar esta fase resulta muy útil la «función referencial»: por ejemplo, al citar fuentes históricas concretas y datos de investigación, aportando los «números» y los resultados de los estudios sistemáticos sobre el tema, para seguir luego con ejemplos de experiencias directas o casos reales tratados.

En todo este proceso es fundamental la utilización de un lenguaje lógico y analógico. Esta sofisticada técnica retórica requiere una exposición pormenorizada y se explicará con más detalle en el próximo apartado.

Por último, acabaremos nuestra intervención con un enunciado que permanezca fijado en la mente de nuestro interlocutor, creando el denominado *efecto eco* (Nardone, 2015).

Podemos resumir la estructura de una elocución estratégica en el ámbito digital de la siguiente manera:

- Comenzar la intervención de tal modo que capte la atención y sorprenda al auditorio.
- Exponer de manera sencilla y concisa el objetivo y los conceptos principales.
- Argumentar nuestras tesis mediante la utilización de referencias históricas, científicas, anécdotas personales e historias reales.
- Utilizar un lenguaje lógico y analógico.
- Acabar con un enunciado de efecto eco.

Aunque esta estructura también puede ser válida y eficaz en el ámbito no digital, lo es aún más en todas las comunicaciones en las que el poder de la comunicación no verbal queda reducido. Así pues, la modalidad con que organicemos nuestra elocución y el lenguaje que seleccionemos se convertirán en un elemento fundamental de nuestro éxito oratorio.

Es más, como nos recuerda Wittgenstein: «El lenguaje que utilizas acaba utilizándote a ti».

Saber hablar bien, elegir las palabras adecuadas y su composición para nuestra intervención no será una simple cuestión de estilo, sino de éxito en la consecución de los objetivos que nos hemos fijado; además, a la vez nos dejaremos utilizar y llevar por el flujo de nuestra propia elocución, creando actos lingüísticos espontáneos que no seríamos capaces de producir voluntariamente: lo que en otro lugar hemos definido (Nardone y Bartoli, 2019) como «inconsciencia educada» y «trance performativo», fenómenos autosugestivos que nos permiten ir más allá de nuestros límites al actuar también como oradores.

## Evocar sensaciones

«Antes de convencer al intelecto es imprescindible tocar y predisponer el corazón». Con estas palabras, Pascal nos introduce en el mundo de la evocación de emociones y sensaciones a través de la comunicación, un aspecto que menciona Jakobson cuando habla de la función expresiva.

Dirigir un diálogo eficaz supone, como ya ha comprobado la moderna neurociencia además de la psicoterapia, crear cambios en el otro no a través de la comprensión, sino a través de una manera diferente de sentir la situación.

Evocar significa suscitar sensaciones mediante la forma que damos a nuestras argumentaciones, gracias a la elección del lenguaje que utilizamos y a cómo las acompañamos «interpretándolas» a nivel no verbal y paraverbal.

El lenguaje evocador tiene la capacidad de proyectarnos al interior de una atmósfera que toca las emociones. Sin embargo, no basta con utilizar historias fascinantes o metáforas intrigantes para conseguir que nuestro diálogo sea realmente eficaz, porque para ello debemos tener un objetivo claro e identificar las dificultades que hay que superar para alcanzarlo. No será suficiente, por tanto, crear una evocación genérica: esta deberá estar orientada al efecto que queremos producir en nuestro interlocutor.

Aunque todas las figuras retóricas y las formas poéticas pueden representar un valioso aliado para despertar las emociones del otro, cuando nos comunicamos a través de la pantalla, como ya se ha señalado, es muy importante alternar el lenguaje descriptivo, típico de la explicación, con un lenguaje más analógico que evoca sensaciones.

Para los conceptos de menor importancia resultará suficiente con utilizar una descripción lógica; para los más importantes se emplearán ambas modalidades.

La creación de imágenes analógicas durante el diálogo reforzará el concepto que queremos transmitir, además de mantener elevada la atención del interlocutor. Para facilitar la utilización de la *analogía* en el diálogo, esta debería introducirse con la palabra «como». Por ejemplo, a una persona indecisa le diremos: «Cuando dudas de este modo eres *como* el náufrago que no sabe dónde está la tierra y que, por miedo a equivocar el rumbo, se ahoga sin intentar nadar»; al jefe que controla demasiado y hace el trabajo que corresponde a sus colaboradores le diremos: «Cuando no delegas ni permites que ellos se equivoquen actúas *como* el padre de familia que quiere controlar a sus hijos, pero estos siguen haciendo lo que les da la gana».

Técnicamente, la analogía deberá ajustarse con exactitud al enunciado lógico anterior, a fin de reducir al mínimo el proceso interpretativo, dejando amplio espacio al impacto evocador. Deberemos orientar sus efectos hacia el rechazo de las posturas y conductas que han ser interrumpidas o cambiadas, y hacia el refuerzo de las conductas que hay que incentivar o incrementar (Nardone y Salvini, 2004).

Tanto si decidimos usar una analogía como un aforismo, una anécdota o una metáfora, lo importante es que provoque el efecto evocador planificado; es decir, no es tan importante la figura retórica o la imagen elegida como su efecto pragmático. Teniendo esto en cuenta, y conviene subrayarlo, deberá estar en sintonía con las características personales de la persona. Por ejemplo, no es eficaz explicar a alguien muy racional una historieta zen, porque creerá que lo tratamos de ignorante; en cambio, lo sorprenderá un aforismo erudito de la cultura occidental (Nardone y Salvini, 2004).

En cualquier caso, la utilización de *aforismos* deberá dosificarse y orientarse al objetivo. Abusar de ellos nos hará parecer inútilmente eruditos, como quien habla con frases hechas o rimbombantes. La utilización estratégica del aforismo ha de ser como el único disparo de un francotirador: bien meditado, realizado en el momento justo e irrepetible.

El mismo cuidado habrá que tener con las *anécdotas,* tanto si se trata de experiencias ajenas como propias. La anécdota tiene una poderosa función referencial en la creación de la confianza y de la sintonía con el interlocutor, pero su abuso, sobre todo si se exagera al hablar de uno mismo, produce exactamente el efecto contrario: la sensación de estar hablando con un egocéntrico primero de la clase.

También habrá que cuidar mucho la utilización de la *metáfora.* A diferencia de la analogía, deberá ajustarse a la lógica racional de la argumentación tratada, pero no seguirla fielmente, porque su objetivo es justamente producir una descontextualización. La persona deberá buscar el significado inherente a la propia metáfora.

Si con la analogía sabemos cuál es nuestro objetivo, con la metáfora dejamos que sea el individuo el que «tome» lo que necesita. Este proceso interpretativo conduce automáticamente a una pérdida de control del efecto evocador por parte del orador, y por eso se desaconseja el uso masivo de metáforas en el mundo empresarial y en los procesos de creación de equipos.

Por último, la forma comunicativa elegida, además de adaptarse al interlocutor, deberá estar en consonancia con el estilo personal de quien la utiliza: una persona delgada y carente de musculatura será poco creíble si narra batallas sangrientas y habla de guerreros heroicos; lo mismo ocurrirá con quien cita a eruditos o a distinguidos personajes históricos de forma burda y poco educada.

En conclusión: saber utilizar el lenguaje evocador de manera eficaz no es solo un ejercicio técnico, sino también un entrenamiento continuo de sensibilidad, cultura y atención a los detalles. Repetir como un loro frases hechas no producirá el mismo efecto que escucharlas de primera mano y luego transmitirlas. Convertirse de pronto en oradores y poetas es el mejor modo de fracasar en nuestra eficacia comunicativa.

Saber influir en el otro, tocar las fibras adecuadas y hacer que se emocione exige dominio técnico, una práctica continuada y, por último, una propensión a la creatividad.

Como dice Protágoras: «Nada es el arte sin ejercicio ni el ejercicio sin arte».

## El diálogo estratégico digital

*En el verdadero diálogo, las dos partes están dispuestas a cambiar.*
THÍCH NHẤT HẠNH

Si lo que hemos visto puede ser válido cuando exponemos nuestras tesis en una conferencia o en una clase en línea, las cosas cambian cuando *dialogamos* con una persona o con un pequeño grupo.

Uno de los primeros testimonios de la utilización de un diálogo destinado a la persuasión y al cambio es el de Protágoras, que en sus *Antilogías* demostró cómo sobre un mismo tema se podía demostrar una cosa y su contraria. Su genio lo llevó a crear una técnica con la que, respondiendo a una serie de preguntas, el interlocutor acababa por contradecir sus propias afirmaciones y cambiaba de opinión respecto de su descubrimiento personal (Nardone y Salvini, 2004). Este arte se denominó *heurística*. La capacidad de hacer preguntas heurísticas es la principal habilidad de quien quiere influir estratégicamente en el otro.

Durante mucho tiempo, tanto en el ámbito científico como en el psicológico se ha pensado que son las hipótesis que formulamos las que provocan las preguntas, como si estas últimas fuesen la parte final de un razonamiento; mientras que, por el contrario, son precisamente las preguntas bien construidas las que invitan a reflexiones nuevas e introducen nuevos razonamientos.

Immanuel Kant, en su *Crítica de la razón práctica,* demuestra siglos más tarde que la mayor parte de los problemas no deriva de las respuestas que nos damos, sino de las preguntas que nos planteamos.

Comenzar un diálogo digital con preguntas en vez de afirmando la propia tesis se convierte en el primer paso para conducir el *intercambio* con eficacia. Debemos empezar, por tanto, con cuestionamientos amplios y generales, tratando de averiguar el punto de vista del otro y de entender sus convicciones y sus representaciones mentales, y solo después de haber sintonizado con estas empezar a orientar a nuestro interlocutor hacia el cambio de perspectiva utilizando siempre preguntas estratégicas.

Las preguntas más eficaces son las que ofrecen dos posibilidades de respuesta. Esto reduce el esfuerzo cognitivo de quien interactúa con nosotros y facilita el proceso de persuasión.

Si nos limitamos a preguntar: «¿Qué cree que ha sucedido?», dejamos que el interlocutor divague libremente con el consiguiente riesgo de perderse. En cambio, si proponemos una alternativa de respuesta: «¿Cree que ha sucedido esto» —indicando una posibilidad—, «o tal vez esto otro?» —proponiendo una alternativa válida—, lo ayudamos a elegir al ofrecerle un «marco cognitivo» tranquilizador, pero al mismo tiempo orientador.

El proceso de construcción de dos alternativas de respuesta deberá ser extremadamente preciso y ajustado: proponer una segunda opción demasiado alejada de los esquemas de representación de la realidad del otro será un fracaso. Por este motivo, en un inicio las preguntas así construidas deberán estar orientadas al análisis y la comprensión de la situación y de su funcionamiento; después se pasará a formular preguntas que permitan distinguir bien los temas, lo que es de lo que no es, a fin de restringir el campo de acción centrándose en el objetivo que hay que conseguir.

Una vez bien enmarcadas la situación y las creencias del otro, se pasará a formular preguntas que orienten puntos de vista alternativos y que finalmente influyan en las decisiones, porque conducen a asumir las perspectivas que hacen que el otro descubra lo que para él es más ventajoso y funcional (Nardone, 2015).

El poder de las preguntas construidas de este modo y secuenciadas estratégicamente es tal que podemos producir en el otro distintos efectos pragmáticos: suscitar dudas, provocar exaltación, aversión, crear un temor mayor, divertir o conmover, aliviar o entristecer, motivar o desanimar, hasta potenciar o reducir ciertas sensaciones.

Veamos los distintos tipos de preguntas que podemos introducir en nuestro diálogo estratégico, tal como las ha definido con precisión Camillo Loriedo (Loriedo y Sale, 2004):

- **Preguntas retóricas.** Pertenecen a esta categoría todas las preguntas cuya respuesta no reviste especial importancia porque está implícita en la propia pregunta:

  «¿Me permite hacerle una pregunta o prefiere seguir explicándome lo que ha sucedido?».

  «¿Puedo intentar plantearle una idea o prefiere no valorar una opción distinta de la suya?».

  «¿Puedo decirle lo que me parece correcto o es mejor que no diga nada?».

  Este tipo de preguntas tiende a disminuir la resistencia del interlocutor y, por tanto, resulta útil para gestionar la relación cuando las posturas de este se tornan inflexibles o bien se muestra hostil. No obstante, una utilización excesiva podría hacerle pensar que nos estamos burlando de él.

- **Preguntas que generan interrogantes o preguntas que dan lugar a nuevas preguntas:**

  «A partir de lo que nos hemos dicho hasta ahora, ¿se le ocurre alguna pregunta o prefiere que sea yo el que siga preguntando?».

  «Si estuviese en esa situación y pudiese preguntar, ¿querría hacerme alguna pregunta o preferiría permanecer en silencio?».

«¿Hay alguna duda que deba ser aclarada o puedo seguir con mi exposición?».

Esta estratagema retórica de hacer una pregunta para generar una nueva cuestión resulta muy útil cuando queremos comprender mejor a una persona. Interrogar sobre algo expone a la persona que pregunta al mostrarnos cuál es su interés y en qué está centrada; podemos comprender a alguien mucho mejor por las preguntas que hace que por las respuestas que da.

Este tipo de preguntas puede utilizarse también para sorprender al interlocutor que espera ser interrogado por nosotros, con lo que se invierte totalmente la interacción.

- **Preguntas de referencia o con carácter de referencia externa.** Pertenecen a esta tipología todas las preguntas que conducen a una reflexión que nunca se había tomado en consideración:

«¿Cree que su maestro de yoga/artes marciales estaría de acuerdo con lo que usted ha hecho o lo reprobaría?».

«Si pudiese hablar con el señor X, a quien aprecia, ¿cree que le sugeriría seguir haciendo lo que hace o le sugeriría que cambiase?».

Estas preguntas, para ser eficaces, han de construirse utilizando sujetos externos a la situación, pero no extraños a la persona.

Es obvio que solo podremos utilizarlas tras haber establecido con el otro una relación de sintonía y conocimiento tal que nos permita elegir e involucrar al «personaje» adecuado.

Este tipo de preguntas puede abrir escenarios nuevos e incluso crear verdaderas experiencias emocionales.

Teniendo en cuenta su fuerte carácter reestructurador nunca deberemos abusar de ellas, sino utilizarlas con moderación y en el momento adecuado.

- **Preguntas autorreflexivas.** Son aquellas en las que pedimos a la otra persona que piense qué deberíamos preguntarle, es decir, pedimos que nos sugieran qué preguntas formular:

«Después de todo lo que me has contado, ¿qué debería preguntarte: esto o lo otro?».

«¿Crees que la respuesta que me has dado es apropiada o es mejor que reflexiones un poco más?».

Este tipo de preguntas ayuda al otro a razonar sobre lo que le sucede, poniéndolo en nuestro lugar; se utilizan con personas que no tienen dificultad para razonar críticamente acerca de su propia conducta y que demuestran poseer suficientes recursos para exponerse.

Muchas veces, precisamente por su característica de autorreflexión, es posible que la persona no encuentre una respuesta adecuada. Por este motivo, solo se usarán en aquellos casos en los que queremos que el otro sienta que su punto de vista es completamente disfuncional; en este caso, adquieren un valor retórico y provocador.

- **Preguntas con mensaje oculto.** Esta tipología prevé que en la construcción de la pregunta se introduzca un mensaje, generalmente en forma de premisa o bien implícito, que sea útil para el cambio de la situación o para la consecución del objetivo.

Por ejemplo, podemos preguntar a una persona que tiene miedo de aparecer en público: «¿Podría intentar cambiar tan solo pequeñas cosas de su vida diaria sin que estas la expongan directamente al público, o incluso esto es demasiado para usted?».

Aunque, planteada de este modo, la cuestión no parece pedir al otro que se exponga, implícitamente contiene el mensaje de cambio: aunque no parece que esto actúe sobre el problema, en realidad lo hará de forma indirecta. De este modo, sortearemos la resistencia de la persona a afrontar de manera directa su problema e introduciremos cambios aparentemente no vinculados a lo que teme.

Desde el punto de vista estratégico hemos *surcado el mar sin que el cielo lo sepa,* al inducir a la persona a hacer justamente lo que teme sin que se dé cuenta.

En todos los casos, ni la secuencia ni las preguntas deben seguir un proceso rígido y preestablecido, sino que han de adecuarse a la situación y a la lógica del interlocutor y, por tanto, ajustarse al objetivo que se desea alcanzar. Como ya hemos señalado anteriormente, las preguntas estratégicas deberán conducir al interlocutor a descubrir en qué medida es artífice de su propio destino (Nardone y Salvini, 2004) y cómo puede gestionarlo de la manera más funcional posible.

Como ya observó Epicuro: «A la naturaleza no hay que violentarla sino persuadirla».

Cada dos o tres preguntas será necesario introducir paráfrasis que ayuden y comprueben la comprensión; lo mejor es empezar la paráfrasis repitiendo exactamente las respuestas que el interlocutor nos ha proporcionado, a fin de establecer una serie de acuerdos relacionales y favorecer la sintonía. A medida que avancemos en el diálogo deberemos introducir en la paráfrasis elementos nuevos, con objeto de orientar las percepciones hacia el cambio, pasando de un simple resumen de lo dicho a un proceso de reestructuración. Además de retomar las respuestas y reordenarlas en una secuencia coherente y congruente, añadiremos una serie de imágenes analógicas que encajen con los significados lógicos (Nardone, 2015).

La otra maniobra posible en la producción de una paráfrasis reestructurante consiste en cambiar el orden de las respuestas que el interlocutor nos ha dado, creando así una trama diferente de su historia. Como afirmaba Blaise Pascal, «las mismas palabras en una secuencia distinta nos darán resultados diferentes».

El efecto conjunto de un proceso de preguntas estratégicas orientadas y de paráfrasis cada vez más reestructurantes, unido a la utilización del lenguaje evocador, conduce sutilmente a nuestro interlocutor a descubrir nuevos puntos de vista a través de sus propias respuestas (Nardone, 2015). Conseguir que la persona viva esas experiencias emocionales correctivas durante el diálogo es la esencia del proceso heurístico.

En el ámbito digital, dada la mayor dificultad para mantener un alto grado de concentración y de atención, resulta decisiva la técnica de «resumir para redefinir» en el momento en que estamos a punto de concluir el diálogo. Se trata de resumir todos los puntos esenciales aparecidos durante la conversación, «enmarcándolos» de manera que se aclare lo que se ha hecho y, si es necesario, de hacer sentir la inevitabilidad de un cambio como efecto naturalmente lógico.

Esta maniobra es una especie de hiperparáfrasis que redimensiona todo el proceso consolidando sus efectos (Nardone y Salvini, 2004).

Concluimos esta parte dedicada a la persuasión invitando a leer uno de los diálogos más bellos jamás escritos: el que tiene lugar entre el zorro y el principito (*El principito,* de Antoine de Saint-Exupéry, 1943), donde la sucesión de preguntas y respuestas abre nuevos escenarios y profundas reflexiones:

Entonces apareció el zorro.

—Buenos días —dijo el zorro.

—Buenos días —respondió cortésmente el principito, que se dio la vuelta, pero no vio nada.

—Estoy aquí —dijo la voz— bajo el manzano...

—¿Quién eres? —dijo el principito—. Eres muy lindo...

—Soy un zorro —dijo el zorro.

—Ven a jugar conmigo —le propuso el principito—. ¡Estoy tan triste...!

—No puedo jugar contigo —dijo el zorro—. No estoy domesticado.

—¡Ah! Perdón —dijo el principito.

Pero, después de reflexionar, agregó:

—¿Qué significa «domesticar»?

[...]

—Es una cosa demasiado olvidada —dijo el zorro—. Significa «crear lazos».

—¿Crear lazos?

—Sí —dijo el zorro—. Para mí no eres todavía más que un muchachito semejante a cien mil muchachitos. Y no te necesito. Y tú tampoco me necesitas. No soy para ti más que un zorro semejante a cien mil zorros. Pero, si me domesticas, tendremos necesidad el uno del otro. Serás para mí único en el mundo. Seré para ti único en el mundo...

[...]

El zorro calló y miró largo tiempo al principito:

—¡Por favor... domestícame! —dijo.

—Bien lo quisiera —respondió el principito—, pero no tengo mucho tiempo. Tengo que encontrar amigos y conocer muchas cosas.

—Solo se conocen las cosas que se domestican —dijo el zorro—. Los hombres ya no tienen tiempo de conocer nada. Compran cosas hechas a los mercaderes. Pero como no existen mercaderes de amigos, los hombres ya no tienen amigos. Si quieres un amigo, ¡domestícame!

—¿Qué hay que hacer? —dijo el principito.

—Hay que ser muy paciente —respondió el zorro—. Te sentarás al principio un poco lejos de mí, así, en la hierba. Te miraré de reojo y no dirás nada. La palabra es fuente de malentendidos. Pero, cada día, podrás sentarte un poco más cerca...

Al día siguiente volvió el principito.

—Hubiese sido mejor venir a la misma hora —dijo el zorro—. Si vienes, por ejemplo, a las cuatro de la tarde, comenzaré a ser feliz desde las tres. Cuanto más avance la hora, más feliz me sentiré. A las cuatro me sentiré agitado e inquieto; ¡descubriré el precio de la felicidad! Pero si vienes a cualquier hora, nunca sabré a qué hora preparar mi corazón... Los ritos son necesarios.

[...]

De este modo el principito domesticó al zorro.

# 4. Hipócrates digital: la atención médica a distancia

*Las palabras son el instrumento más potente*
*que posee un médico, pero las palabras,*
*como una espada de doble filo, tanto*
*pueden mutilar como curar.*

BERNARD LOWN

## La curación es un acto de relación

Desde la Antigüedad, los sanadores siempre han prestado gran atención a la comunicación con el paciente, muy conscientes de su importancia en el mantenimiento o en la recuperación de la salud. Hipócrates, padre de la medicina, consideraba «el contacto, el remedio, la palabra» los tres pilares del acto médico, mientras que para Platón «el mayor error en el tratamiento de las enfermedades es que hay médicos para el cuerpo y médicos para el alma, cuando las dos cosas no deberían estar separadas».

En época más reciente, Sigmund Freud (2012) sostenía que todo tratamiento médico en el fondo es un tratamiento psíquico:

Psique significa «alma», por eso cabría pensar que tratamiento psíquico es el tratamiento de los fenómenos patológicos del alma. Pero el significado es distinto. Tratamiento psicológico quiere decir tratamiento a partir del alma, tratamiento de los trastornos psíquicos y somáticos, con medios que actúan en primer lugar y directamente sobre la psique humana. Este medio está constituido ante todo por la palabra, y las palabras son también instrumento fundamental del tratamiento psíquico. Ciertamente, es difícil para el profano comprender cómo «solo» las palabras del médico pueden eliminar trastornos patológicos somáticos y psíquicos. Pensará que se le pida que crea en la magia. Y no se equivoca del todo; las palabras de nuestros discursos de todos los días solo son magia atenuada.

Por desgracia, esta antigua sabiduría se ha ido perdiendo progresivamente, mientras que el poder «mágico» de la palabra ha sido abandonado de manera deliberada debido al reduccionismo científico y a la separación artificiosa entre cuerpo y mente, exasperada luego hasta la hiperespecialización de la medicina de órganos.

Este modelo, aunque eficaz en determinadas circunstancias, como traumatismos o enfermedades agudas, resulta infructuoso, por ejemplo, en el tratamiento de las enfermedades crónico-degenerativas como tumores, la de tipo cardiovascular o diabetes, que son las principales causas de enfermedad y muerte en el mundo occidental.

Si bien ante una persona con una fractura de muñeca no se necesitan especiales habilidades comunicativas, sino una buena escayola, ante una persona diabética o que sufre una cardiopatía las cosas son muy distintas.

Tanto la prevención como el tratamiento de estas enfermedades exigen intervenciones complejas basadas en cambios del estilo de vida, estrategias que, para ser seguidas al pie de la letra, requieren que el médico posea notables capacidades persuasivas. Todos sabemos que limitarse a decir a una persona que deje de fumar o que cambie radicalmente su alimentación no consigue casi nunca, por desgracia, el efecto deseado; en los raros casos en que esto sucede, la motivación suele ser el miedo a una enfermedad ya avanzada, cuando el daño ya está hecho y las posibilidades de recuperación son reducidas.

Sin querer negar los maravillosos avances de la ciencia y de la técnica, sobre todo en el campo diagnóstico o quirúrgico, son muchos los que hoy ven claro que la medicina concentrada en parámetros biológicos y en la enfermedad de un órgano tiene una eficacia limitada.

Si Hipócrates observara nuestro modelo médico comprobaría que hemos abandonado tanto el enfoque comunicativo, es decir, la palabra, como la dimensión del contacto, esto es, el examen objetivo: la medicina moderna se sostiene preferentemente, si es que no de manera exclusiva, en el remedio, ya sea farmacológico, quirúrgico o rehabilitador.

Los fallos de este modelo los ha puesto trágicamente de manifiesto la pandemia del coronavirus, que ha acabado de golpe, entre otras cosas, con la confianza ilimitada en el poder de la ciencia y de la técnica que había caracterizado los dos últimos siglos. Confianza ciega en el poder de la racionalidad y del progreso, que había llevado a algunos a plantear incluso la posibilidad de poder derrotar al gran enemigo, esto es, la muerte, en una especie de delirio de omnipotencia en el que se niegan las leyes fundamentales de la naturaleza.

La pandemia del coronavirus, por desgracia, nos ha situado bruscamente frente a nuestra pequeñez en el gran orden natural, con nuestras sociedades dobladas por el más pequeño de los seres vivos: un virus. Orgullosos de nuestro progreso científico, de repente hemos tenido que recurrir a defensas de tipo medieval, como el lavado de manos y la distancia social.

Por otra parte, los signos de la inadecuación del modelo basado solo en el remedio ya habían aparecido mucho antes de la pandemia.

«La naturaleza es causa y curación de las enfermedades», decía Paracelso, y los remedios a menudo facilitan, pero no bastan por sí solos para garantizar la curación. Todo lo que necesita una persona con apendicitis aguda es una intervención urgente; en una infección ni siquiera el antibiótico más moderno y potente es suficiente si el sistema inmunitario está deprimido, como la epidemia del sida nos demostró trágicamente; la escayola en un brazo roto crea las condiciones ideales para que el hueso se recomponga, pero no causa por sí misma la curación; la insulina, en el caso de la diabetes, disminuye el nivel de glucosa en la sangre, no cura la disfunción subyacente; y podríamos seguir con otros ejemplos.

Por eso, para recobrar su poder de intervención, es fundamental que los médicos recuperen los otros dos pilares de su acción: el contacto y la palabra.

Afortunadamente, en los últimos tiempos se ha despertado de nuevo el interés por la comunicación médica y han surgido y se han desarrollado nuevos enfoques que sitúan en el centro a la persona, y no la enfermedad, como la medicina narrativa y la medicina centrada en el paciente.

Por muy importante que sea la dimensión humana, no hay que olvidar, no obstante, que saber comunicarse con el paciente no significa solo atender a la persona que sufre, sino también tener un impacto concreto en su salud. La comunicación constituye en sí misma un instrumento de curación y, al olvidar esta competencia, los médicos, de hecho, reducen notablemente su poder de intervención.

Como han demostrado inequívocamente los estudios más recientes (Milanese y Milanese, 2015), la comunicación tiene un poderoso efecto sobre la salud del paciente a través de diversos mecanismos, tanto directos como indirectos.

Indirectamente, porque la comunicación del médico influye mucho en el cumplimiento de las indicaciones por parte del paciente; directamente, porque la comunicación médica es capaz de activar expectativas de mejoría y de curación que pueden favorecer la propia mejoría (efecto placebo). De ahí que la comunicación no pueda considerarse un componente accesorio de la profesionalidad del médico, sino que debe volver a ser parte integrante de su actuación.

## El cumplimiento

Se entiende por *cumplimiento* «el grado en que el comportamiento del paciente respecto de la toma de fármacos, mantenimiento de una dieta u otra variación del tipo de vida coincide con las prescripciones del médico»[6] (Sackett, 1979).

---

6. En algunos casos se distingue el término «adherencia», que indica un papel más activo del paciente en el cuidado de su salud, del de «cumplimiento», que indica una condición más pasiva. Para simplificar, aquí utilizaremos los dos términos como sinónimos.

El cumplimiento no se refiere solo a la observancia de la prescripción médica (por ejemplo, tomar un medicamento), sino también al hecho de que el paciente siga de forma total y precisa la indicación (en el caso del medicamento, tomarlo durante el período indicado, en el momento adecuado, de la forma correcta, etcétera). El cumplimiento, por último, no afecta únicamente al momento terapéutico, sino también a todo el proceso diagnóstico y rehabilitador que a menudo acompaña al tratamiento (Milanese y Milanese, 2015).

Los estudios demuestran que el cumplimiento del tratamiento por parte del paciente es mucho menor de lo que los médicos imaginan: solo el 50-70% de los pacientes toma los medicamentos tal como los ha prescrito el médico, y las intervenciones de modificación del estilo de vida, tan importantes desde el punto de vista preventivo, solo las sigue el 10% de las personas (Milanese y Milanese, 2015).

Es fácil imaginar las enormes repercusiones que esto tiene en los costes sanitarios y en la salud de la población, hasta el punto de que la OMS ha declarado que «cualquier intervención dirigida a aumentar el cumplimiento tendría un impacto sobre la salud de las poblaciones mayor que cualquier otra intervención» (Sabaté, 2003).

Poco importa, pues, que el médico haya hecho un diagnóstico correcto y haya prescrito la terapia adecuada si luego no consigue que su paciente siga las indicaciones.

La mayor parte de los médicos sobrevalora el cumplimiento de los pacientes, porque, además, estos a veces mienten sobre su seguimiento real por vergüenza, por ahorrarse un sermón o por no enemistarse con el médico.

Además, casi todos los médicos creen que el cumplimiento depende principalmente del enfermo: en realidad, los estudios demuestran que las características del paciente —edad, género, origen sociocultural— tienen una importancia más bien reducida; lo que influye en el cumplimiento es el tipo de enfermedad (las enfermedades graves o agudas o con síntomas importantes tienen un cumplimiento más alto) y el tipo de terapia (las terapias breves, con pocos efectos secundarios y fáciles de seguir tienen un cumplimiento más alto), pero también y sobre todo la relación con el médico, que es tan importante como los factores vinculados a la terapia. El paciente que no observa las indicaciones puede hacerlo porque no las ha comprendido o no las recuerda (no cumplimiento involuntario), o bien por una decisión deliberada (no cumplimiento voluntario).

En el primer caso, basta con que el médico hable más lentamente, evite el lenguaje técnico especializado y compruebe la comprensión del paciente; de hecho, es bien sabido que la ansiedad ofusca las capacidades cognitivas y que, en el caso de enfermedades graves, entre la mitad y los dos tercios de los pacientes no recuerda todo lo que le ha dicho el médico.

Más complejo resulta gestionar el no cumplimiento voluntario, que está relacionado con varios factores: el médico puede haber dado al paciente una indicación considerada demasiado «costosa» en términos de fatiga o de reducción del placer (pensemos en las indicaciones dietéticas o en las relacionadas con dejar de fumar); o bien la prescripción choca con una creencia arraigada del paciente (paciente «ideológico»), como por ejemplo prescribir antibióticos al que solo quiere curarse con métodos naturales, o vacunas a un seguidor del movimiento antivacunas; no obstante, en muchos casos el motivo de la falta de seguimiento es la mala relación con el médico, cuando el paciente no se siente escuchado ni comprendido, o incluso se siente descalificado (Milanese y Milanese, 2015).

## El efecto placebo

«Las palabras son acciones», decía Ludwig Wittgenstein, y como tales tienen efectos concretos y mensurables. En medicina este concepto está ampliamente demostrado por el efecto directo de la comunicación en la salud del paciente, que se refiere al conocido efecto placebo.

En la investigación clínica se denomina «efecto placebo» a cualquier mejoría de un síntoma sin que exista ningún tratamiento específico; en cambio, en psicología y en la neurociencia, el efecto placebo es la mejoría de uno o más síntomas vinculados al mero hecho mental de la expectativa de mejoría, excluyendo por tanto la remisión espontánea del síntoma o el deseo de complacer al médico.

El efecto no se produce solo en unas pocas personas fácilmente sugestionables: todos nosotros podemos experimentar, según las circunstancias y las etapas de la vida, el efecto placebo, que ha sido descrito también en los animales. En realidad, se trata de una familia de efectos en la que subyacen distintos mecanismos que pueden activarse, juntos o por separado, en circunstancias distintas (Benedetti, 2015). Uno de ellos es el efecto expectativa: la expectativa de una mejoría activa los circuitos cerebrales dopaminérgicos de la recompensa hasta el punto de generar la propia mejoría.[7] Estos circuitos, al igual que los

---

7. Otros mecanismos son la reducción de la ansiedad, el aprendizaje y el aprendizaje social.

de reducción de la ansiedad, son los mismos que activan los fármacos: puesto que el efecto placebo es tan antiguo como el hombre y mucho más antiguo que los fármacos actuales, sería mejor decir que los fármacos utilizan las mismas vías que el efecto placebo.

En realidad, es frecuente que un síntoma que ha persistido durante mucho tiempo empiece a mejorar, o incluso desaparezca del todo, en cuanto el paciente pide cita con el médico, antes incluso de consultarle: la expectativa de encontrar alivio a su dolencia, concretada en el acto de pedir cita, activa el mecanismo que hemos mencionado con anterioridad y alivia el síntoma. Por supuesto, esto es tanto más probable cuanto mayor es la confianza que tiene la persona en el médico y en la terapia que se le prescribirá.

Puesto que el alivio del síntoma va unido a la expectativa de mejoría, cualquier cosa capaz de activar esta expectativa, incluida la comunicación con el médico, puede producir este efecto. Incluso nos atreveríamos a decir que, si bien la medicina no siempre es necesaria, la buena comunicación lo es siempre: en el caso de que se administre una terapia, la comunicación potencia su efecto; en el caso de que la terapia no sea necesaria, una buena comunicación puede proporcionar alivio.

Un ejemplo asombroso del poder de la expectativa de mejoría, aunque inducida involuntariamente, lo tenemos en un curioso episodio relatado por Gordon W. Allport (1964), psicólogo estadounidense:

En un hospital austríaco un hombre gravemente enfermo está al borde de la muerte. Los médicos que lo atienden le dicen con toda sinceridad que no son capaces de diagnosticar su enfermedad, pero que probablemente podrían ayudarle si supieran el diagnóstico. Además, le comunican que un famoso especialista visitará el hospital en los próximos días y que tal vez podría identificar la enfermedad. Pocos días después llega efectivamente el especialista y pasa visita por la planta. Cuando llega junto a la cama del enfermo, le echa una rápida mirada murmurando «moribundus» y continúa. Unos años más tarde el hombre visita al especialista y le dice: «Hace mucho tiempo que quería darle las gracias por su diagnóstico. Los médicos me habían dicho que podría curarme si usted era capaz de diagnosticar mi enfermedad: en el momento en que dijo "moribundus" supe que lo lograría».

La creación de expectativas de mejoría debe diferenciarse del «pensamiento positivo» (Nardone y Milanese, 2018), es decir, de la imposición directa. Al imponer al paciente el pensamiento positivo utilizando argumentos lógico-racionales se corre el riesgo de desencadenar un efecto paradójico. Imaginemos que a una persona angustiada por un problema de salud le dicen que ha de procurar no deprimirse, que su salud está en sus manos, o tal vez que «piense que hay quien está peor que ella». Incapaz de «levantarse» porque se lo imponen, la persona se sentirá responsable de un posible empeoramiento, pensará que no tiene los recursos adecuados o tal vez se sentirá culpable porque hace que estén mal sus seres queridos.

La expectativa ha de ser inducida de una manera sugestiva e indirecta mediante el ritual del acto terapéutico, del que la comunicación con el médico es un aspecto fundamental. El ritual está compuesto por todo lo que rodea a la administración de una terapia: la figura del médico, el ambiente en que el médico atiende, sus modalidades comunicativas, todo contribuye a inducir la propia expectativa.

Fabrizio Benedetti (2015), un gran estudioso del efecto placebo, describe una función evolutiva del mismo. Según Benedetti, la evolución habría seleccionado como más aptas para la supervivencia a las personas que son capaces de confiar en un terapeuta y, por tanto, de ser curadas con éxito. El proceso se desarrolla en cuatro fases: en la primera fase la persona percibe un malestar; en la segunda busca la manera de obtener alivio, es decir, busca un terapeuta; en la tercera fase, la más delicada, la persona encuentra al terapeuta, que puede poner las bases que generen el efecto placebo, induciendo en el paciente expectativas de mejoría; si esto ocurre, en la cuarta fase, esto es, en la terapia, se podrá desplegar el máximo potencial del efecto placebo.

## Curar a distancia

La curación a distancia ya la predijo hace aproximadamente un siglo Hugo Gernsback, inventor y editor de *Science and Invention,* la primera revista norteamericana de ciencia ficción, cuando en febrero de 1925 predijo que «a medida que la civilización progrese, cada vez será más necesario actuar a distancia… cada vez tendremos menos tiempo para desplazarnos… El médico ocupado no podrá visitar a sus pacientes como lo hace ahora».

Y hace unos decenios, con la llegada de la tecnología informática y de telecomunicación, comenzó su aplicación al ámbito de la salud —«salud digital»— con ritmos distintos en función de los países.

En Italia se empezó a invertir en la salud digital en 2014, pero fue la pandemia del coronavirus la que dio un formidable impulso a esta tendencia. Así, a los beneficios ya conocidos, como la asistencia al que no puede desplazarse, la reducción de los costes y de las listas de espera, el seguimiento de las enfermedades crónicas y la optimización de los tiempos de los operadores, se añade ahora la necesidad de minimizar los riesgos de infección tanto para los pacientes como para los médicos.

La atención a distancia se convertirá, pues, en parte de la nueva normalidad, gracias también al previsible aumento de la demanda de servicios sanitarios, vinculada al regreso masivo de todas las patologías relegadas para hacer frente a la emergencia de la COVID-19 y a posibles rebrotes futuros.

Es una obligación, por tanto, que los médicos dominen la comunicación digital para dar respuesta a esta importante tendencia, y cambien su forma de realizar la anamnesis, de dirigir el diálogo con el paciente y de darle las indicaciones.

Como un invidente que, para compensar su ceguera ha de agudizar los otros sentidos, en el contexto digital el médico deberá prestar mucha atención al canal verbal (elección de las palabras y de las argumentaciones, preguntas, paráfrasis) y paraverbal (ritmo, volumen y velocidad de la voz, pausas, titubeos y silencios) para compensar la falta del canal no verbal que, también en la videollamada, pierde buena parte de su poder. Ya hemos descrito al detalle estas cuestiones en los capítulos anteriores; aquí solo analizaremos su aplicación al contexto médico.

## La anamnesis

Todos los médicos saben que una buena anamnesis (del griego *anamnesis,* esto es, «recuerdo»), es decir, una recogida exhaustiva y completa de informaciones sobre la enfermedad, resulta esencial para una intervención eficaz; sin embargo, no todos tienen en cuenta el hecho de que, además del objetivo informativo, la anamnesis tiene otra función fundamental: la relacional.

Tras las primeras frases del diálogo, llega el momento en el que médico y paciente sientan las bases de su futura relación, de la que dependerá buena parte de la eficacia de la intervención.

En la primera visita, el paciente necesita sentirse escuchado y comprendido para poder confiar en el médico; de lo contrario, el riesgo de que no siga las indicaciones o incluso de que cambie de profesional será alto. Para que la intervención sea eficaz, el médico deberá plantearse un doble objetivo: por una parte, recoger datos sobre la enfermedad; por la otra, sentar las bases para la indispensable relación de confianza con su paciente. Los anglosajones, con su habitual pragmatismo, distinguen dos tipos de enfermedad: la patología detectada por el médico, compuesta por síntomas, signos, pruebas diagnósticas *(disease),* y el estado que percibe el paciente, el impacto que tiene en su vida, sus emociones, ideas y convicciones *(illness).*

Por lo general, el médico centra su investigación en la primera *(disease),* esto es, en la enfermedad biológica: cuáles son los síntomas, cuándo han aparecido, con qué frecuencia, intensidad y duración se presentan. La investigación sigue un mapa muy preciso que ayuda al facultativo a orientarse en la inmensa variedad de las patologías humanas y a menudo se compone de preguntas cerradas, es decir, que requieren respuestas definidas y precisas.

El enfermo, por su parte, lleva al despacho del médico su historia personal, o sea, la segunda *(illness)*, y le informa de los síntomas partiendo del impacto que tienen en su vida, al relacionarlos con episodios personales y añadir a menudo detalles que a él le parecen importantes, pero que al facultativo le pueden parecer divagaciones inútiles.

En algunos casos la realización de la anamnesis se convierte en una especie de duelo en el que el médico intenta llevar la conversación al terreno de los datos objetivos («¿desde cuándo le duele el estómago?») y el paciente sigue explicando su historia personal («desde la boda de mi hija»), y mientras que el primero no entiende por qué el segundo divaga inútilmente, este último no se siente escuchado ni acogido.

De ahí que, para centrar tanto el objetivo cognoscitivo como el relacional de la anamnesis, el médico deberá ser capaz de explorar ambas dimensiones, en primer lugar, permitiendo al paciente que explique su historia *(illness)* y, en segundo lugar, profundizando en las partes importantes con preguntas específicas *(disease)*. Durante la narración, habría que evitar interrumpir al paciente, pero cuando el tiempo apremia o el enfermo es muy prolijo se pueden utilizar recursos comunicativos como: «Perdone si le interrumpo, pero lo que dice es muy importante y necesitaría hacerle algunas preguntas concretas para profundizar». Si el paciente se ha sentido escuchado y comprendido, estará encantado de responder a las preguntas del médico, que se interpretarán como un signo de interés.

Comprender la percepción del paciente y a la vez analizar los parámetros biológicos de la enfermedad constituyen los dos pilares en los que se apoya todo el trabajo posterior: la profundización en el diagnóstico, la creación del acuerdo y la prescripción de la terapia.

En la anamnesis a distancia, la primera competencia que hay que poseer es la capacidad de escucha, habilidad que no se aprende ni en la facultad de Medicina ni durante la especialización, y que tiene una importancia capital, amplificada por el contexto digital.

Por lo general, los médicos subestiman en gran medida los beneficios de la escucha; de hecho, y debido también a las limitaciones de tiempo, acostumbran a interrumpir al paciente cuando apenas han transcurrido unos veinte segundos (Milanese y Milanese, 2015), empiezan a hacer preguntas y originan lo que algunos denominan la «trampa anamnésica», esto es, una apretada serie de preguntas cerradas que no dejan que el paciente se explique y describa su problema.

Interrumpir al paciente tiene dos consecuencias importantes: hace que el médico pierda información potencialmente útil para el diagnóstico y supone un fuerte impacto negativo en el plano relacional, porque si el paciente no se siente plenamente escuchado, no se sentirá comprendido y, por tanto, le resultará más difícil confiar.

La percepción de no poder confiar no deriva tanto del hecho de que el paciente se sienta poco considerado, aunque sin duda es posible, ya que las personas también confían en un médico descortés si tienen la impresión de que ha entendido perfectamente su problema y puede ayudarlas. La percepción de no poderse fiar está relacionada con el hecho de que el paciente que no ha podido decir todo lo que creía necesario duda de que el médico pueda haber comprendido todos los matices de su situación. Decir «no me fío de este médico» no debe entenderse como un juicio sobre la competencia del facultativo en general, sino que más bien es «no creo que este médico haya entendido del todo mis síntomas y mi enfermedad»: esta percepción la tienen incluso los propios médicos cuando consultan a un colega por un problema de salud.

Por otro lado, también el silencio total, sobre todo por teléfono, puede interpretarse como una señal de desinterés. Al no haber contacto visual, el paciente puede preguntarse si el médico realmente le está escuchando con atención y puede tener dificultades para seguir hablando, tal vez intercalando en su discurso pausas y titubeos. Por lo tanto, es importante marcar la escucha con interjecciones alentadoras, como expresiones («sí, entiendo») y también palabras sueltas («ah», «ya») y sonidos («hum»), que comunican interés y participación.

Una vez que el paciente ha completado su apertura inicial, que suele durar uno o dos minutos, el médico empieza a hacer preguntas para explorar las características de la enfermedad. Es importante, sobre todo a distancia, que aquellas se oigan y comprendan perfectamente. El volumen de la voz deberá adaptarse al paciente y al contexto, las palabras bien articuladas y la velocidad disminuida. A menudo es útil introducir dos alternativas de respuesta, ya que ayudan al paciente a orientarse y facilitan la posterior comunicación. Por ejemplo:

«¿El dolor que siente le permite descansar por la noche o le mantiene despierto?».

«¿Puede soportarlo o ha de tomar algún medicamento?».

«¿Tiene siempre la misma intensidad o aumenta gradualmente?».

Cada dos o tres preguntas es conveniente parafrasear, es decir, resumir lo que se ha dicho reorganizándolo en una argumentación coherente: «Si he entendido bien, me está diciendo que…».

La paráfrasis tiene un triple objetivo: permite al médico comprobar si va por buen camino, sentando así la base para las preguntas siguientes; hace que el paciente sienta que es escuchado y valorado, mejorando de este modo su colaboración, y desencadena en él un proceso de autopersuasión sutil, mediante la creación de muchos pequeños acuerdos progresivos. Realizar la anamnesis con una acertada secuencia de preguntas y paráfrasis conduce de forma natural al acuerdo final, que abrirá el camino a la prescripción (Nardone y Salvini, 2004).

## El examen objetivo

El examen objetivo, esto es, la «visita» propiamente dicha, es el «gran ausente» de la comunicación digital y se limita, a lo sumo, al visionado de fotografías o películas enviadas por el paciente.

Por otra parte, las visitas presenciales también han ido perdiendo importancia en los últimos decenios de forma paralela al progreso de la tecnología: TAC, resonancias magnéticas, exámenes endoscópicos, ecografías y electrocardiogramas proporcionan al médico información mucho más completa y precisa que la exploración objetiva. Si se excluyen algunas especialidades como la dermatología, en la que la visión directa del problema resulta indispensable, la visita del paciente ha sido sustituida progresivamente por el diagnóstico del laboratorio o por imágenes.

Si bien esto es suficiente para el médico, no siempre lo es para el paciente, que a menudo no se siente del todo atendido si no ha habido visita. Desde su punto de vista, se echa en falta la percepción del interés por su enfermedad y el contacto con el terapeuta, que tiene por sí mismo un poder taumatúrgico.

Aunque el contacto con el terapeuta no puede ser sustituido por nada, el interés del médico por la enfermedad puede manifestarse, por ejemplo, al pedirle al paciente que le envíe fotografías, vídeos o incluso grabaciones de audio.

Examinar una fotografía relacionada con su problema (por ejemplo, edemas en las extremidades o un problema en la piel) o escuchar una grabación, por ejemplo, de su respiración, aunque no sea estrictamente necesario para el médico, tranquiliza al paciente y tiene un impacto positivo en la relación.

## El coloquio

Otro obstáculo comunicativo muy común, amplificado por el contexto digital, es el uso de un lenguaje técnico y especializado. Los estudios demuestran que a menudo los pacientes no entienden del todo lo que les ha dicho el médico, pero son reacios a pedir explicaciones por vergüenza o por miedo a parecer ignorantes; los médicos, por otra parte, sobrevaloran el nivel de conocimientos lingüísticos de los pacientes, y contribuyen a alimentar un círculo vicioso de incomprensión mutua (Milanese y Milanese, 2015). La falta de comprensión de las indicaciones y de la información proporcionada por el profesional tiene un impacto negativo en el seguimiento de la terapia, además de mantener las distancias relacionales.

En el contexto digital, al no existir la comunicación no verbal, es más difícil saber si el paciente tiene alguna duda o no ha comprendido alguna cosa. Por eso es esencial que el médico utilice el mayor número posible de palabras de uso corriente, evitando términos técnicos como «dispepsia», «extrasístoles», «síncope», y también extranjerismos *(follow-up, core biopsy)* o siglas (MRGE, BPCO),[8] a menudo muy abundantes en los informes.

Además, cada vez que el médico da una explicación o expresa un concepto importante, es útil comprobar mediante preguntas si el paciente lo ha comprendido, aunque sin parecer paternalista: si ante la pregunta «¿ha comprendido lo que le acabo de decir?» la mayoría de las personas responderá que sí, y alguna incluso podría irritarse al sentirse descalificada, la pregunta «¿hay algo que querría añadir o ampliar?» suele tranquilizar al paciente porque posibilita que exprese libremente sus dudas.

Ofrecerse a responder a las preguntas también tiene un impacto relacional muy positivo, ya que indica buena disposición por parte del médico y es una excelente forma de concluir cada fase del coloquio.

Entre los posibles equívocos, amplificados por el contexto digital, destaca el relacionado con el uso del término «positivo», que abunda en los informes («la ecografía es positiva», «la biopsia es positiva»). Si bien para el médico este término indica que se ha confirmado el diagnóstico que se sospechaba (por lo general, malas noticias para el paciente), los profanos suelen interpretarlo como señal de que todo va bien (esto es, positivo). Para

8. MRGE: Enfermedad de Reflujo Gastroesofágico; BPCO: Bronconeumopatía Crónica Obstructiva.

evitar caer en esta trampa, hay que asegurarse de que el paciente haya comprendido el significado del término en ese contexto concreto, sobre todo cuando se envían informes por correo electrónico.

## La comunicación paraverbal

«Con el tono adecuado se puede decir cualquier cosa, con el tono equivocado, nada: la única dificultad estriba en encontrar el tono», decía George Bernard Shaw, y, como ya hemos visto, el «cómo» digo una cosa connota emocionalmente y da significado al «qué» digo, que denota el tipo de relación (axioma II de la *Pragmática de la comunicación digital*). La frase «debería realmente dejar de fumar», pronunciada con un tono arrogante o condescendiente, es probable que irrite al paciente y provoque el deseo de transgredir la imposición; la misma frase pronunciada con un tono cómplice y preocupado tendrá un efecto diametralmente opuesto. Sin embargo, incluso los médicos que más cuidan la comunicación se centran sobre todo en qué decir y no en cómo decirlo.

La investigación sobre la comunicación médico-paciente ha demostrado que la capacidad del médico de modular el tono, el ritmo y el volumen de la voz está fuertemente relacionada con la satisfacción del paciente y el desarrollo de la confianza en el médico, y a veces incluso es más importante que la comunicación verbal y las informaciones proporcionadas (Larsen y Smith, 1981; DiMatteo *et al.,* 1986; Griffith *et al.,* 2003). La satisfacción es máxima cuando la voz del médico denota interés y complicidad emocional.

La comunicación paraverbal en medicina es tan importante que incluso se relaciona con la probabilidad de ser demandado, como demuestra un importante estudio llevado a cabo por la psicóloga social Nalini Ambady (Ambady *et al.*, 2002). La muestra estudiada incluía a 66 cirujanos, la mitad de los cuales nunca había sido demandada, mientras que la otra mitad había tenido al menos dos denuncias.

Se filtraron extractos de conversaciones entre médicos y pacientes privados de su contenido verbal y se dieron a escuchar a personas sin especial formación en comunicación. Esas personas, por tanto, percibían la prosodia, el tono y el volumen del discurso, pero sin reconocer las palabras, y todas fueron capaces de distinguir a los médicos que habían sido objeto de denuncia de los que no lo habían sido, basándose únicamente en las características de la comunicación paraverbal. En concreto, los facultativos denunciados transmitían elementos de «dominación», «falta de interés» e «indiferencia», al contrario que los no denunciados, que se percibían como «cálidos» e «interesados».[9]

En el contexto digital, al no haber signos no verbales que transmitan interés, como miradas o guiños, la comunicación paraverbal adquiere una importancia aún mayor.

De modo que, durante todo el encuentro, el médico deberá prestar atención al tono, ritmo, volumen, prosodia de la voz, pausas y silencios, a fin de manifestar interés, implicación y competencia.

9. https://www.surgjournal.com/article/S0039-6060(02)00022-3/fulltext

## La creación del acuerdo

Antes de llegar a la prescripción, culminación y acto final de la visita, hay que establecer con el cliente el acuerdo sobre el tratamiento.

Los médicos suelen saltarse esta fase y pasan directamente de la comunicación del diagnóstico a la prescripción, que puede ser una medicina, una intervención de cualquier tipo o nuevos exámenes de profundización o de control; sin embargo, si no hay un acuerdo con el paciente, es muy posible que la prescripción no se siga o no se siga al pie de la letra.

Para la creación del acuerdo remitimos a cuanto se ha explicado en los capítulos anteriores sobre la comunicación persuasiva, si bien a continuación añadiremos algunos recursos comunicativos específicos.

El primer recurso es *hablar el lenguaje del paciente,* ya sea evitando el lenguaje técnico y especializado o bien adaptándose a su estilo comunicativo. Por ejemplo, con las personas que se expresan con precisión y con un lenguaje lógico podrá formularse un discurso más directo, mientras que con quien se expresa de manera más fantasiosa se puede utilizar un estilo más creativo.

Otra regla fundamental consiste en *evitar las fórmulas negativas,* es decir, eludir negar, contradecir o descalificar el punto de vista del paciente. Decirle a una persona que se ha equivocado o que se está equivocando, o bien que una idea o creencia suya sobre la enfermedad carece de sentido, puede alejarla del todo. De hecho, no hay que olvidar que, si bien el médico es el experto en la enfermedad, el paciente es el experto en sí mismo, papel al que no suele estar dispuesto a renunciar.

Veamos el caso de Rita, que acude al otorrino por un fastidioso problema en el oído. Tras haber escuchado la descripción precisa de su problema, al médico, perplejo, se le escapa un «me parece raro». Rita se levanta indignada y, antes de abandonar la consulta del médico, declara: «Doctor, puedo aceptar que me diga que no sabe lo que tengo, pero no puedo aceptar que me diga que no sé lo que siento».

Otro recurso importante es *evitar las evocaciones negativas,* a menudo en forma de mensajes demasiado ansiogénicos o alarmistas, los cuales pueden ser totalmente rechazados, como en el siguiente ejemplo:

El señor Armando acude al oculista para una revisión de rutina. Cuando el médico lo examina, observa un ligero aumento de la presión ocular e inmediatamente le receta unas gotas que deberá ponerse de por vida, prescripción que deja a Armando perplejo, ya que no le gusta tomar medicamentos, y menos de por vida. El diálogo se desarrolla en los siguientes términos:

Médico (M.): «La presión ocular es elevada y hay que tratarla inmediatamente, ¡no hay tiempo que perder!».

Paciente (P.): «Pero, doctor, los valores no son tan altos, están en el límite, quizá bajen, ¿no podríamos esperar e ir controlando?».

M.: «Yo no necesito esperar, la presión no baja, en todo caso subirá aún más».

P. (asustado y dubitativo): «Pero ¿no podríamos hacer otras exploraciones, para profundizar, no sé, el examen del campo visual...?».

M. (irritado): «Mire, como le he dicho, el diagnóstico ya está hecho y no necesito nada más. Haría bien preocupándose más por su vista, es joven y si no hace lo que le digo, ¡en unos años acabará ciego!» *(evocación negativa fuerte).*

El señor Armando le da las gracias al médico, se despide y, en cuanto sale de la consulta, rompe en mil pedazos el informe de la visita, pensando: «A este médico no vuelvo nunca más». Al día siguiente pide cita con otro oculista.

En este caso la evocación negativa fuerte, utilizada de manera deliberada por el médico para convencer al paciente de que siga la terapia, ha provocado un efecto diametralmente opuesto: el tono excesivamente alarmista del mensaje («acabará ciego») y la actitud paternalista («si no hace lo que le digo»), unidos a una comunicación paraverbal que indica irritación, han provocado en el paciente un rechazo total a la terapia y al propio médico.

A veces la evocación negativa es más sutil y totalmente involuntaria, como en el caso de la señora Donatella, quien, en una visita de control y en perfecto estado de salud, descubre que padece fibrilación auricular.[10]

Reproducimos el diálogo con el cardiólogo, persona que cuida mucho la comunicación pero que carece de formación específica:

Paciente (P.): «Doctor, ¿cómo es posible que nunca haya notado esa fibrilación?».

Médico (M.): «Puede ocurrir, señora... Mire, a muchos pacientes que tienen su mismo problema el corazón les late muy rápido y pueden tener dificultades para respirar

10. La fibrilación auricular es una arritmia cardíaca benigna que a menudo, aunque no siempre, provoca un ritmo cardíaco acelerado.

*(evocación negativa),* pero en muchos casos la frecuencia es normal y usted es uno de estos casos».

P. (alarmada): «O sea, ¡que podría tener una fibrilación rápida!».

M.: «No creo, pero todo es posible. Si ocurriera, dígamelo y le daré unos medicamentos para reducirla».

La evocación negativa del corazón que late demasiado rápido produciendo dificultades para respirar no es necesaria para explicar el trastorno, echa gasolina al fuego de la ansiedad de la señora Donatella, y la obliga a controlarse compulsivamente el pulso por miedo a haber desarrollado la fibrilación «rápida».

## La prescripción

El acto de la prescripción debe cuidarse en todos sus detalles, porque es fundamental para garantizar la memorización y el seguimiento de las indicaciones por parte del paciente.

Si la visita se ha efectuado a través de una videollamada, hay que adaptar la comunicación no verbal: adoptar una postura ligeramente inclinada hacia delante para captar la atención del paciente y aumentar el poder impositivo de la prescripción; la mirada ha de dirigirse y ajustarse a la del paciente.

En cualquier caso, pero sobre todo por teléfono, la prescripción ha de realizarse lentamente, pronunciando bien las palabras y de forma redundante: repetir la prescripción cambiando la formulación pero insistiendo en las partes cruciales suple la falta de comunicación no verbal y favorece la memorización (Nardone, 1994, Nardone *et al.*, 2006). Hay que modular el tono y el ritmo de la voz, poniendo el énfasis en las partes importantes del mensaje.

Se deben «enmarcar» los conceptos más importantes haciendo una pausa antes, que crea expectativa, y una después, que tiene un efecto de eco. Por ejemplo, en el caso de un medicamento que hay que tomar siempre con el estómago lleno, el médico puede subrayar la importancia del matiz «después de las comidas» mediante una pequeña pausa antes, poniendo el énfasis en la palabra «después», reduciendo ligeramente la velocidad y haciendo otra pequeña pausa antes de continuar hablando («la pastilla hay que tomarla… *después* de las comidas…»).

En un contexto digital también es importante dar tiempo al paciente para tomar notas, si lo desea, y comprobar con preguntas si se ha entendido bien.

También es muy útil ofrecer al paciente la posibilidad de un contacto posterior, por correo electrónico o por teléfono, además de las citas programadas.

Ahora bien, al proponer un nuevo contacto hay que evitar crear expectativas negativas, ya que pueden desembocar en una profecía que se autocumple.[11] Decir: «Si el dolor de estómago empeora, avíseme» puede hacer que el paciente empiece a «escuchar» su estómago, aumentando el nivel de atención y de ansiedad hasta llegar a sugestionarse en la percepción del síntoma. Es preferible ponerse a disposición diciendo: «Si hay alguna novedad en su estado de salud, llámeme».

---

11. La aparición de efectos negativos relacionados con la expectativa mental de un empeoramiento se denomina «efecto nocebo», y es especular al efecto placebo, ya que utiliza los mismos mecanismos y las mismas vías neuronales.

La diferencia parece mínima, pero siempre hay que recordar que, sobre todo en los casos de trastornos de una cierta entidad, o cuando el paciente está muy ansioso, el papel de «experto en la enfermedad» confiere al médico un poder semejante al que ocuparon en algunas civilizaciones primitivas los chamanes, capaces de provocar incluso enfermedades graves con ritos y profecías vudú.

Los médicos suelen subestimar mucho ese poder y a veces acaban induciendo inconscientemente profecías negativas que pueden llevar a los pacientes, sobre todo si son ansiosos o hipocondríacos, a percibir determinados síntomas.

En palabras de Thomas Szasz: «Antiguamente, cuando la religión era fuerte y la ciencia débil, el hombre confundía la magia con la medicina; ahora, cuando la ciencia es fuerte y la religión débil, confunde la medicina con la magia».

Veamos el caso de Sara, de 55 años e hipocondríaca, que acude al oculista para una revisión, aplazada varias veces precisamente por el miedo a tener algún problema grave en la vista:

El oculista solo encuentra pequeñas alteraciones compatibles con la edad, y le aconseja una nueva revisión al cabo de un año. Mientras se despide de Sara, visiblemente aliviada, el oculista añade, casi como una reconsideración: «Por cierto, si alguna vez ve destellos de luz, ¡venga a verme de inmediato!». Estas palabras son suficiente para que Sara se asuste de nuevo: «Si dice eso, es porque piensa que puedo ver destellos de luz. Y si lo prevé, es porque es probable que haya visto algo potencialmente peligroso que no quiere decirme para no asustarme». De nada le valen las palabras tranquilizadoras del médico que le aseguran que no ha visto absolutamente nada grave: la semilla de la duda ya está sembrada y germina en la mente hipocondríaca de Sara, quien, al cabo de un tiempo, empieza a ver de vez en cuando puntitos luminosos. Sara ya está segura de que le ocurre algo grave, tal como predijo el médico, y querría hacerse una nueva revisión, pero el miedo a la condena es demasiado grande y por tanto lo pospone durante tres años. Finalmente, se arma de valor, acude al oculista y descubre que la tan temida enfermedad grave no existe. Preocupada aún, le pide explicaciones al médico sobre la misteriosa advertencia; él le responde que tiene la costumbre de avisar a todos los pacientes de una cierta edad para asegurarse de que no subestiman ciertos síntomas. Mientras tanto, Sara ha vivido tres años de terror.

Es necesario que el médico sea muy consciente del poder de su comunicación: más allá del contenido del discurso, que se dirige a la parte racional de la mente, las imágenes negativas suscitadas por sus palabras, como el latido rápido o los destellos de luz, van directamente al paleoencéfalo, la mente antigua, y lo golpea como un cuchillo sugestionando al paciente y sumiéndole, según los casos, en la aprensión o en la angustia.

«La figura del médico es un psicofármaco que tiene efectos principales y secundarios y hay que elegir y dosificar individualmente. Es la medicina más noble y más estable, pero no es fácil de administrar. La palabra del médico puede curar, pero también puede enfermar» (Luban-Plozza y Pöldinger, 1997).

## Las comunicaciones escritas

La difusión de la comunicación digital ha provocado un crecimiento exponencial de las comunicaciones médico-paciente por correo electrónico o a través de los distintos servicios de mensajería. Así, mientras estos últimos se utilizan sobre todo para acordar o posponer citas, los correos electrónicos los usa habitualmente el paciente para informar al médico sobre su estado de salud y este para dar indicaciones y prescripciones.

En este contexto, en el que no hay comunicación no verbal ni paraverbal, todo el significado de la comunicación recae en la parte verbal, que ha de cuidarse al máximo.

Veamos el ejemplo de Stefano, un muchacho al que el psiquiatra trata por un trastorno de ansiedad relacionado con el miedo a estar deprimido. El médico le receta un antidepresivo ISRS (inhibidores selectivos de la recaptación de serotonina) en una dosis reducida del 50%, y le pide a Stefano que le envíe un correo al cabo de unas semanas para informarle de su estado de salud y de los posibles efectos secundarios del fármaco.

Cuando Stefano le dice que se encuentra mejor y que no ha tenido efectos secundarios, el psiquiatra le responde indicándole que aumente la dosis, cosa que inquieta a Stefano porque teme haber empeorado. Tras pasar varias noches sin dormir, Stefano contacta por teléfono con el médico y descubre que la dosis inicial había sido prescrita simplemente para probar la tolerancia al fármaco y que, una vez comprobado que se ha tolerado bien, se prescribe la dosis completa.

A menudo, este tipo de equívocos, además de generar una ansiedad innecesaria en el paciente, provoca un menor seguimiento de las indicaciones.

«El médico es un experto en relaciones humanas», afirmaba Michael Balint, y en el contexto digital la comunicación también es una herramienta terapéutica a todos los efectos. No utilizar todo su potencial es como afrontar una batalla con armas embotadas.

A pesar de su indudable y comprobada importancia, los médicos no están formados en el uso estratégico de la comunicación y, por tanto, han de adquirir esta competencia «sobre la marcha». Algunos profesionales no se plantean el problema o consideran que las habilidades comunicativas en el contexto médico son «accesorias» y no indispensables, por lo que siguen comunicando «espontáneamente» según su estilo personal.

Incluso cuando son empáticos por naturaleza, la comunicación de estos profesionales no se gestiona conscientemente para obtener el efecto deseado. Por tanto, puede ocurrir que incluso frases en apariencia inocuas preocupen o asusten al paciente y a menudo actúen como germen para el desarrollo de un trastorno de ansiedad, como en el ejemplo de la señora Donatella.

Afortunadamente, el interés por la comunicación en medicina ha aumentado mucho en los últimos años, gracias también a los avances de la neurociencia y de la medicina integrada, que demuestran cada vez más la importancia de las actitudes mentales en el mantenimiento de la salud y explican muchos mecanismos subyacentes que son la base de las interacciones mente-cuerpo.

Muchos profesionales invierten, por tanto, tiempo y energía en el desarrollo de competencias comunicativas y relacionales, y gracias a ello consiguen, junto con sus pacientes, enormes beneficios en la práctica clínica.

La profunda modificación a la que asistimos, vinculada a la aplicación de la asistencia a distancia en el contexto digital, añade un nuevo nivel de complejidad a este desafío: saber comunicar telemáticamente exige al médico una atención especial para adaptarse al contexto.

«Todo paciente debería sentirse un poco mejor después de visitar al médico, independientemente de la naturaleza de su enfermedad», decía Warfield Theobald Longcope. Podemos añadir que, de una comunicación eficaz, incluso en el contexto digital, se beneficiarán tanto el paciente como el médico, porque en la relación terapeuta-paciente ganan o pierden ambos.

# 5. La psicoterapia digital: los desafíos del *setting* a distancia

*Las estadísticas sobre la salud mental
dicen que una de cada cuatro personas
sufre algún tipo de enfermedad mental.
Piensa en tus tres mejores amigos. Si ellos
están bien, ¡entonces el loco eres tú!*

RITA MAE BROWN

## «No hay salud sin salud mental»

Con estas palabras, Tedros A. Ghebreyesus, director general de la OMS, exhorta a los gobiernos y a las instituciones a ocuparse y preocuparse inmediatamente de las consecuencias psicológicas de la epidemia de coronavirus.

Ahora que ha pasado ya la primera oleada de emergencia, que las unidades de cuidados intensivos se han vaciado y que la preocupación por los contagios ha disminuido progresivamente, podemos y debemos ocuparnos de todas las otras consecuencias de la epidemia.

El tsunami de la pandemia ha arrollado a la humanidad con oleadas sucesivas de miedo, angustia, dolor y rabia, que se han propagado en paralelo a la expansión del virus. Y como todo tsunami que se precie, también este, al retirarse, deja tras de sí un inmenso rastro de destrucción y desolación.

La soledad, los duelos, la incertidumbre, la crisis económica, el miedo al contagio o el miedo a lo desconocido alimentan la ansiedad, la angustia, el estrés y los trastornos del sueño, que pueden causar hipocondría, trastornos de ansiedad, trastornos obsesivo-compulsivos, trastornos postraumáticos y depresión. También la «nueva normalidad», marcada por el aislamiento y el distanciamiento social, exigirá una capacidad de adaptación que no todo el mundo tiene; de modo que podrán surgir y desarrollarse nuevos problemas y trastornos.

Quienes más riesgo corren son las personas más frágiles, los ancianos, los que padecen trastornos mentales o los que han trabajado en primera línea, pero ninguno de nosotros puede considerarse completamente inmune.

Por este motivo, el director de la OMS insta a todos los países a reforzar sus sistemas de salud mental, preparándolos para el impacto y recordando también que «la mala salud mental va asociada a un reducido seguimiento de las intervenciones que afectan a la salud mental en general» (y, por tanto, a la contención del contagio).[12]

En Italia, el Ministerio de Sanidad ha creado un número gratuito en el que profesionales de la salud mental atienden a diario las peticiones de ayuda; otros grupos de profesionales han tomado iniciativas análogas de forma voluntaria.

La necesidad de prestar asistencia a segmentos muy amplios de la población ha propiciado asimismo el desarrollo de programas específicos, los ya mencionados *chatbots*

12. http://www.quotidianosanita.it/allegati/allegato9565072.pdf

(asistentes virtuales), que pueden descargarse en tabletas o teléfonos inteligentes y que, simulando una conversación entre personas, hacen un primer análisis de los síntomas, evalúan su gravedad y sugieren luego a la persona cómo comportarse.[13]

Los profesionales de la salud mental están, pues, en un estado de alerta total, preparados para convertirse en la nueva «primera línea» de intervención; sin embargo, también ellos deben limitar las ocasiones de contagio, curar a personas que no pueden desplazarse fácilmente y optimizar los recursos. Por tanto, se dará preferencia a la cura psicoterápica a distancia y al contexto digital.

Llevar a cabo una psicoterapia «a distancia» y digital supone un desafío aún mayor que el de realizar una visita médica.

No todas las visitas médicas tienen una alta intensidad emocional y no siempre se le exigen al médico depuradas habilidades persuasivas. Pensemos, por ejemplo, en el facultativo al que se consulta por una gastritis, un control rutinario de la presión o del colesterol, un certificado de aptitud deportiva o una revisión de la vista, por citar tan solo algunos casos. Cuando el trastorno es leve, el diagnóstico es sencillo y la prescripción de un fármaco resuelve el problema; saber gestionar las emociones del paciente y poseer buenas capacidades comunicativas puede ser útil, pero no es estrictamente indispensable.

13. Un ejemplo de esto es *woebot* (de *woe* = dolor, aflicción), un programa creado por la Universidad de Stanford que utiliza los principios de la terapia cognitivo-conductual y da a las personas las primeras indicaciones sobre cómo actuar para gestionar los trastornos mentales.

En psicoterapia, por el contrario, la comunicación constituye el método principal tanto de la investigación del problema como de su solución: la intensidad emocional suele ser alta, la relación terapéutica siempre es fundamental.

Una disciplina que basa gran parte de su eficacia en la comunicación y en la relación forzosamente ha de verse afectada por el contexto digital, y por eso debe hacerse todo lo posible para adaptar a este contexto específico la modalidad con la que se dirige la terapia, a fin de mantener intacta su eficacia.

## El arte de curar con palabras

«El poder de la palabra en relación con los asuntos del alma es como el poder de los fármacos en relación con los asuntos del cuerpo», decía Gorgias de Leontinos, el primer gran «psicoterapeuta» de la Antigüedad.

La palabra es para el psicoterapeuta el equivalente al fármaco para el médico, y el cambio terapéutico el equivalente a la curación.

Por «cambio terapéutico» no entendemos una mejoría a grandes rasgos en la vida del paciente en proceso de psicoterapia, sino un «cambio que no es aleatorio, sino centrado en una dirección muy concreta, que debería definirse *a priori* como objetivo terapéutico» (Nardone, 2013).

Los tres pilares en los que se apoya toda psicoterapia, independientemente de la teoría de referencia, son la técnica, la comunicación y la relación:

- **La técnica** es un «instrumento psicológico de la interacción terapéutica, formalizado, repetible y transmisible, cuya aplicación ha demostrado su eficacia en la producción de un cambio y/o en la resolución o gestión de una forma de sufrimiento psicológico. La técnica comprende la aplicación tanto de procedimientos de *problem solving*[14] como de modalidades comunicativas y relacionales» (Nardone, 2013).

Cada modelo se estructura en torno a un conjunto de técnicas, que lo caracteriza y que se le enseña a quien se forma en ese modelo concreto. Ejemplos de ello son la técnica de las asociaciones libres de Freud (1900), la imaginación activa para la comprensión de los sueños de C. G. Jung (1977), las técnicas corporales de A. Lowen (1975), la hipnoterapia de Milton Erickson (1948), las técnicas de *problem solving* estratégico (Nardone, 2009), por citar solo algunas.

— **La comunicación** es el vehículo principal de la psicoterapia. Cada modelo ha formalizado diferentes técnicas de comunicación para guiar al paciente a superar su trastorno. Sin embargo, más allá de estas es importante distinguir dos grandes modelos comunicativos: el convencimiento y la persuasión.

• El *convencimiento* (del latín *cum-vincere,* esto es, imponerse con las propias tesis a las posturas del otro) se basa en la dialéctica, es decir, en la contraposición de dos tesis. Como en un duelo, cada contendiente aportará en favor de su postura el mayor

14. Se define como *problem solving* el conjunto de procedimientos orientados a la solución de los problemas. Existen distintos modelos *de problem solving*, pero los más conocidos son el *problem solving* estratégico y el cognitivo.

número posible de argumentos, hasta que uno de los dos interlocutores prevalezca sobre el otro, que se rendirá aplastado por el peso de las pruebas. El que resulte convencido adoptará la tesis del rival, pero no podrá evitar del todo la sutil impresión de haber sido en cierto modo «derrotado».

El convencimiento se basa sobre todo en el contenido racional de los argumentos y se presta poca o ninguna atención a la forma; el lenguaje es informativo y descriptivo, concreto y directo. El convencimiento se adapta bien a las discusiones de tipo científico, en las que vence quien consigue aportar el mayor número de pruebas en apoyo de su postura.

• La *persuasión,* por el contrario, se remite al arte de la dialógica, y se distingue del convencimiento porque consigue que el interlocutor cambie de postura con suavidad y sin forzar. Etimológicamente, persuadir es «conducir suavemente hacia uno mismo» (Nardone, 2015). Sin embargo, precisamente en la suavidad está el poder de la persuasión. En palabras de Gorgias, uno de los grandes persuasores de la Antigüedad: «Así se puede ver la fuerza de la persuasión: no tiene forma de inexorabilidad, pero tiene su potencia. La palabra, pues, que ha persuadido a un alma coacciona al alma que ha persuadido a cumplir los dictados y a consentir en los hechos» *(Elogio de Elena).*

Uno de los ejemplos más refinados del proceso persuasivo nos lo ofrece otro gran persuasor, Blaise Pascal, con su famosa «apuesta». Pascal plantea la cuestión de si, a falta de pruebas definitivas, es conveniente creer o no creer en la existencia de Dios: argumenta luego que es mucho más conveniente creer, porque si Dios no existe solo habremos perdido la apuesta, pero si existe y no hemos creído, habremos perdido la gloria eterna. Tras la argumentación inicial, hace una propuesta para que la decisión sea natural y espontánea: «Id a la iglesia, honrad los sacramentos aunque tengáis dudas, comportaos como si ya creyeseis, y la fe no tardará en llegar». El cambio de perspectiva seguido del ejercicio reiterado construye gradualmente una nueva creencia, es decir, persuade. Siguiendo con las palabras de Pascal: «Debemos ponernos en el lugar de quienes han de escucharnos y probar en sus corazones el efecto que producirá el giro que demos al discurso, para ver si el uno está hecho para el otro y si podemos estar seguros de que el oyente se verá obligado a rendirse» (Nardone, 2015).

En el modelo estratégico la comunicación terapéutica coincide con la comunicación persuasiva: se trata de una comunicación que suscita la colaboración del paciente, sortea sus resistencias y activa sus recursos hacia la resolución del problema.

El lenguaje persuasivo consta de dos componentes, ambos esenciales para alcanzar el objetivo deseado: *el lenguaje indicativo y descriptivo,* que explica, describe y transmite informaciones, y el *lenguaje performativo,*[15] que hace sentir, persuade, prescribe y guía al otro hacia

---

15. El lenguaje performativo se puede subdividir en lenguaje *evocador,* que evoca sensaciones, y lenguaje *inyuntivo,* que induce a la acción. Ambas formas favorecen el cambio.

el cambio. El lenguaje persuasivo utiliza ambas formas, según la persona, el tipo de problema y la fase de la terapia. Explicaciones, imágenes evocadoras y directrices de comportamiento se mezclan sabiamente y se alternan para obtener el efecto deseado.

Supongamos que tenemos un paciente hipocondríaco que, temiendo recibir un mal diagnóstico, evita de forma sistemática cualquier visita o revisión médica, incluso aunque estén indicadas. A este paciente se le puede dar una explicación: «Mire, si usted sigue actuando así, corre el serio riesgo de no enterarse a tiempo de lo que ocurre en su cuerpo, ¡y antes o después se arrepentirá amargamente!», argumento completamente lógico y racional con el que el paciente forzosamente habrá de estar de acuerdo, a menos que permanezca del todo bloqueado en su propio miedo. O bien se puede utilizar una imagen analógica y decirle: «Mire, usted me recuerda mucho al avestruz, que esconde la cabeza en la arena para no ver al león… luego llega el león y se lo come». El poder de esta imagen aversiva supera la resistencia del paciente y lo persuade para someterse a las pruebas necesarias.

Proporcionar a la persona la descripción lógica, así como la imagen analógica de la situación, aumenta el poder persuasivo y performativo del lenguaje y favorece el cambio.

— **La relación terapéutica**, por último, es la «suma de las reglas que rigen la interacción entre terapeuta y paciente y que establecen cuál es el significado que hay que atribuir al mensaje contenido en la comunicación» (Nardone, 2013). Retomando lo expuesto en los capítulos anteriores sobre los axiomas de la comunicación, las relaciones pueden ser simétricas, es decir, basadas en la igualdad, o complementarias, es decir, basadas en la diferencia. En este último caso uno de los dos participantes asume la posición *one-up* y el otro la posición *one-down*.

En la relación, el terapeuta puede adoptar una u otra posición comunicativa según el contexto y el efecto deseado. En el modelo estratégico, por ejemplo, al comienzo de una sesión, el terapeuta adopta primero una posición de escucha, luego empieza a hacer preguntas, colocándose aparentemente en una posición *one-down*, y dejando la escena al paciente, que se encuentra por tanto en posición *one-up*. Esta posición inicial *one-down* permite al terapeuta dirigir el diálogo y llegar antes a la definición del problema, según la antigua estratagema de «salir después para llegar antes» (Nardone, 2009).

Otro ejemplo de relación en apariencia *one-down* es cuando el terapeuta, a través de una elaborada secuencia de preguntas y paráfrasis, permite a la persona descubrir la salida a su problema en vez de señalársela directamente (Nardone y Salvini, 2004). Citamos de nuevo a Pascal: «Ordinariamente, uno se convence mejor por las razones que encuentra por sí mismo que por aquellas que proceden del espíritu de los demás».

## Los factores terapéuticos

¿Qué es lo que hace que una terapia sea eficaz y qué peso tienen respectivamente la técnica, la comunicación y la relación a la hora de determinar el cambio?

La *teoría de los factores comunes* se propone responder a dicha cuestión. Esta teoría se remite al «veredicto de Dodo», según el cual todas las terapias tienen una eficacia similar, puesto que un amplio porcentaje de los resultados terapéuticos depende del paciente[16] (Luborsky *et al.*, 2002; Luborsky y Singer, 1975).

Partiendo de distintos metaanálisis[17] realizados sobre numerosos estudios acerca del cambio terapéutico, procedentes de campos muy diferentes, este modelo ha intentado analizar cuáles son los «factores terapéuticos comunes» a todas las psicoterapias y cuál es su peso en la producción del cambio.

M. J. Lambert y D. E. Barley (2001) identificaron así cuatro factores responsables del cambio:

1) Factores extraterapéuticos, esto es, las características intrínsecas de los pacientes: nivel de sufrimiento, recursos, motivación, resistencia al cambio; impacto del 40%.

2) Expectativas del paciente y efecto placebo: impacto del 15%.

3) Técnicas terapéuticas: impacto del 15%.

---

16. El «veredicto de Dodo» se refiere al episodio narrado por Lewis Carroll en *Alicia en el país de las maravillas*, en el que el pájaro Dodo convoca una competición entre varios personajes, sin especificar con qué parámetros se atribuirá la victoria. Al final de la competición, para contentar a todos, Dodo declara: «Todos han ganado y todos han de ser premiados».

17. El metaanálisis es una técnica estadística de análisis que permite combinar los datos de distintos estudios realizados sobre un mismo tema, generando un único dato concluyente y permitiendo así dar significado a los datos procedentes de un gran número de investigaciones diferentes.

4) Factores comunes a las distintas terapias: la relación, la alianza terapéutica, la empatía del terapeuta, sus características personales, su capacidad de captar al paciente, sus habilidades comunicativas y persuasivas; impacto del 30%.

Los autores destacan que la comunicación y la relación terapéutica son los factores que más influyen en el resultado de una terapia. Lo mismo sostenía también Carl Gustav Jung: «Conozca todas las teorías. Domine todas las técnicas, pero al tocar un alma humana sea apenas otra alma humana».

Esta postura fue desmentida más tarde por las investigaciones empíricas más recientes, que demuestran que, si bien la expectativa y la relación son factores importantes, las técnicas específicas elaboradas para psicopatologías concretas aumentan significativamente la eficacia del tratamiento (Castelnuovo *et al.,* 2013). Hay que tener en cuenta además que también el modo de comunicar y de relacionarse con el paciente, si se adapta tanto a la persona como al tipo de trastorno, garantiza mejores resultados terapéuticos (Nardone, 2020).

Y precisamente el aspecto comunicativo y relacional es el más afectado por el contexto digital. La pérdida del canal no verbal y la falta de un *setting* terapéutico rígido como el de los modelos psicodinámicos cambian profundamente el modo en que terapeuta y paciente se relacionan. De modo que el reto es adaptar cada modelo a fin de que mantenga lo más intacta posible su eficacia.

Sin embargo, la adaptación de los distintos modelos al contexto digital no es igual para todos. Algunos, como el modelo estratégico y el modelo cognitivo-conductual, se estructuran en torno a un cuerpo de técnicas de *problem solving* y pueden compensar mejor las diferencias en las modalidades de comunicación y de relación. De hecho, las buenas estrategias de *problem solving* potencian la relación e incrementan las expectativas del paciente al favorecer la creación de la alianza terapéutica (Nardone *et al.*, 2000). Una buena técnica también puede eludir las resistencias del paciente y activar sus recursos, que no deben considerarse sus características «intrínsecas», ya que pueden variar dentro de una relación terapéutica.

El modelo estratégico, en concreto, ha formalizado, además de las técnicas de *problem solving*, otras técnicas comunicativas muy elaboradas, de tipo persuasivo, que son verdaderas herramientas terapéuticas.

Los principios básicos de estas técnicas son:

1) Adopción del lenguaje y del punto de vista del paciente.
2) Adaptación del lenguaje al tipo de trastorno: cálido y envolvente, por ejemplo, con una anoréxica; técnico y distante con un obsesivo-compulsivo.
3) Utilización de múltiples técnicas en la sesión (sugestiones directas o indirectas, metáforas, lenguaje no verbal y paraverbal) a fin de lograr el objetivo persuasivo.
4) Instrucciones de comportamiento que hay que seguir fuera de las sesiones (prescripciones).

El deber del psicoterapeuta [...] no es de ningún modo «encontrar» lo que le ocurre al paciente para luego «decírselo» [...]. El trabajo del psicoterapeuta tampoco consiste en aprender cosas sobre el paciente para luego enseñárselas, sino en enseñar al paciente cómo aprender lo que le afecta […] y esto se hace a partir de *experiencias concretas y no verbales* (Perls, 1969).

Estas palabras de Fritz Perls ilustran muy bien el proceso estratégico. No se trata de un diagnóstico que haya que revelar al paciente para decirle luego qué debe hacer, sino de un descubrimiento conjunto, entre paciente y terapeuta, tanto de lo que no funciona para esa persona concreta en ese momento determinado como de lo que hay que hacer para resolver el problema. Los cambios terapéuticos se producen en virtud de experiencias reales vividas en el presente, o durante el encuentro con el terapeuta o en la vida diaria, a través de las prescripciones de conducta. Este es el concepto de «experiencia emocional correctiva»,[18] fundamento de la psicoterapia estratégica: una experiencia concreta obtenida mediante hechos casuales «planificados», es decir, situaciones que al paciente le parecen casuales pero que, en realidad, han sido cuidadosamente preparadas por el terapeuta para producir el efecto correctivo deseado (Nardone, 2013). Desde una perspectiva estratégica, el problema o trastorno nace cuando la persona, en una situación determinada, se encuentra atrapada en un punto de vista rígido que le impide ver la vía de salida. El objetivo de la terapia consiste en lograr que el paciente, partiendo de su punto de vista, asuma poco a poco y sin forzar puntos de vista alternativos que le permitan gestionar su realidad de una manera más funcional, es decir, construir

18. Concepto introducido por Franz Alexander en 1946 para indicar las experiencias emocionales concretas que permiten al paciente «corregir» la influencia de experiencias negativas anteriores.

mediante la comunicación realidades inventadas que producen efectos concretos (Watzlawick y Nardone, 1997).

## Adaptarse al contexto digital

Pero ¿cómo actúan e interactúan entre sí las técnicas específicas, la comunicación y la relación, y cómo se modifican en el contexto digital?

También en este caso, como en la visita médica, la principal limitación que el terapeuta ha de superar es la pérdida del canal no verbal.

Al perder buena parte del poder sugestivo de la mirada, la sonrisa, las expresiones y los gestos, el terapeuta deberá transferir todo el poder persuasivo de la comunicación al canal verbal (selección de las palabras, reestructuraciones, argumentaciones) y al paraverbal (musicalidad de la voz, silencios, pausas).

El modelo estratégico, que ha formalizado tanto técnicas de *problem solving* como técnicas comunicativas basadas en el poder performativo de la palabra, se adapta fácilmente al contexto digital, siempre que el profesional adopte algunos recursos y se mantenga flexible durante toda la interacción.

En los capítulos anteriores se ha explicado cómo adaptar la comunicación en general al contexto digital.

Ahora vamos a destacar la importancia de prestar más atención aún al uso del lenguaje performativo, tanto en su aspecto evocador como en su aspecto prescriptivo.

El lenguaje evocador (aforismos, reestructuraciones, analogías y metáforas, historias y narraciones) sirve para crear sensaciones en el interlocutor, inducir la experiencia emocional correctiva y superar posibles resistencias racionales.

Como ya se ha comentado, utilizar un lenguaje evocador no significa hacer alarde de citas cultas, sino utilizar estratégicamente una modalidad lingüística que no solo se adapte a las características perceptivas del otro, para hacerle sentir que hemos comprendido su postura, sino que también consiga el objetivo deseado, que consiste en cómo vencer las resistencias e inducir a la acción. No se trata de una flecha lanzada al azar, sino de una flecha construida *ad hoc* para ese paciente en particular y dirigida a un blanco preciso. Para que las evocaciones den en el blanco, también es fundamental el *timing*, es decir, que se utilicen en el momento oportuno.

Un dicho judío reza así: «Una palabra dicha en el momento oportuno es como un diamante engastado en oro». Y el médico y dramaturgo austríaco Arthur Schnitzler escribió: «Estar preparados es mucho, saber esperar es mejor, pero aprovechar el momento lo es todo».

Las prescripciones, o directrices de conducta, se pronunciarán con voz pausada y bien articulada, repitiendo los enunciados más importantes. Las frases breves y redundantes, bien pronunciadas, son más fáciles de captar y memorizar que las frases largas y enrevesadas.

La comunicación paraverbal, como ya se ha explicado en los capítulos anteriores, adquiere más importancia aún y debe regularse de una manera sugestiva: los cambios de tono, de velocidad, de ritmo, así como las pausas, captan y mantienen la atención; un tono bajo, cálido y empático transmite interés y participación, mientras que un tono agudo transmite angustia o preocupación.

Un volumen demasiado alto transmite ansiedad, irritación o dominio; si es demasiado bajo comunica desinterés o aburrimiento; el discurso lento tiene un efecto calmante, mientras que hablar demasiado rápido comunica ansiedad, prisa o preocupación.

Para sintonizar con el paciente y sus emociones, a falta del canal no verbal, es especialmente importante escuchar: hay que prestar mucha atención a las palabras que utiliza, a la organización de los significados, al ritmo y volumen de su voz, a las pausas y a los silencios.

«Cualquier tecnología suficientemente avanzada es indistinguible de la magia», escribió Arthur C. Clarke. Ciertamente, los medios tecnológicos de que disponemos a veces dan esa impresión, ya que nos permiten realizar a distancia incluso una actividad comunicativa compleja como la psicoterapia. Sin embargo, por muy avanzados o perfeccionados que estén, los medios tecnológicos nunca podrán igualar, y mucho menos superar, la interacción humana directa.

Por ese motivo, una psicoterapia a distancia para ser eficaz debe basarse en un modelo con técnicas comunicativas y de *problem solving* estructuradas, que puedan adaptarse al medio y a la circunstancia, manteniendo intacta la relación terapeuta-paciente, que, como hemos comentado, es uno de los principales factores determinantes del éxito de la terapia.

Un modelo así aprovechará al máximo el poder performativo y, por qué no, también «mágico» de la palabra. Reproducimos enteramente el pensamiento de Freud sobre ese tema, al que nos hemos referido en varias ocasiones:

Las palabras, primitivamente, formaban parte de la magia, y conservan todavía en la actualidad algo de su antiguo poder. Por medio de palabras puede un hombre hacer feliz a un semejante o llevarle a la desesperación; por medio de palabras transmite el profesor sus conocimientos a los discípulos y arrastra tras de sí el orador a sus oyentes, determinando sus juicios y decisiones. Las palabras provocan efectos emotivos y constituyen el medio general para la influencia recíproca de los hombres. No podremos, pues, despreciar el valor que el empleo de las mismas pueda tener en la psicoterapia (Freud, 1933).

# 6. La formación a distancia

*Dime y lo olvido; enséñame y lo*
*recuerdo; implícame y lo aprendo.*
BENJAMIN FRANKLIN

La moderna formación a distancia (FAD) no es algo tan moderno como podría pensarse; nace en la primera mitad del siglo XIX, cuando, paralelamente al nacimiento de los servicios postales modernos, aparecen en los países anglosajones los primeros «cursos por correspondencia». Con posterioridad, en los años sesenta del siglo pasado, empiezan a emitirse los programas de radio y televisión, como el de la Radiotelevisione Italiana (RAI) para enseñar a leer y a escribir a los analfabetos.[19] En los años ochenta, con la aparición y difusión de los ordenadores personales, la FAD entra en su segunda fase, caracterizada por un uso integrado de fascículos, programas de televisión, radiocasetes y, más tarde, grabaciones de vídeo y *software* didáctico (disquete, CD-Rom). La tercera y más moderna generación de FAD, la

19. https://it.wikipedia.org/wiki/Non_è_mai_troppo_tardi_
(programma_televisivo)

actual, utiliza la *world wide web,* es decir, la red, y adopta el nombre de «formación en red» o *e-learning,* que ha suplantado casi enteramente a las otras modalidades. A través de la red se pueden realizar a distancia cursos enteros de grado universitario, másteres, programas de formación continua de distintas categorías profesionales, programas de formación en la empresa y de formación personal.

La progresiva y natural expansión de la FAD, que ha discurrido en paralelo al desarrollo de la tecnología, ha tenido un enorme impulso durante la pandemia del coronavirus, cuando la mayoría de las actividades formativas que antes eran «presenciales» pasó a ser «a distancia».

Incluso las personas más desconfiadas o menos tecnológicas se han visto obligadas a utilizar la formación en red, y muy pronto han empezado a apreciar sus numerosas ventajas: ahorro de tiempo y recursos, tanto para los usuarios que se conectan desde casa o desde el lugar de trabajo como para los organizadores, que no tienen que acoger presencialmente a los participantes del curso; amplio margen de autonomía en la organización de los tiempos y formas de estudio; personalización del itinerario de aprendizaje; interacción con los otros estudiantes y con los docentes a través de herramientas como las FAQ,[20] el chat,[21] la VOIP[22] o el web fórum;[23] facilidad para recurrir

---

20. *Frequently Asked Questions,* es decir, preguntas frecuentes.
21. *Chat:* servicio ofrecido por internet que posibilita a varios interlocutores conversar en tiempo real mediante mensajes escritos.
22. *Voice over IP* (VOIP): tecnología que permite mantener una conexión telefónica utilizando una conexión a internet, en vez de pasar por la red telefónica tradicional.
23. Fórum: servicio de internet que permite enviar o leer mensajes sobre un tema concreto, que pueden ser comentados por otras personas.

a expertos que se encuentran físicamente alejados a nivel geográfico; posibilidad de enriquecer, expandir, revisar o actualizar rápidamente los materiales didácticos. E igualmente importante: la extrema versatilidad que caracteriza a la FAD nace de la selección y de la combinación de distintos tipos de formación: entrevistas, videocursos, videoconferencias y presentación en diapositivas resultan útiles para transmitir conocimientos y adquirir nociones; los cursos más interactivos favorecen la adquisición de nuevas habilidades; herramientas utilizables en grupos, como pizarras compartidas, foros en línea y ambientes de simulación son indispensables para fomentar la colaboración en el seno de grupos de trabajo.

En la entrevista formativa un entrevistador plantea el tema de la conversación y luego cede la palabra al experto. En el mundo social las *entrevistas* en directo permiten al público hacer preguntas directamente al entrevistado, acortando en gran medida las distancias entre público y expertos.

El *videocurso* es una modalidad de gran éxito: puesto que es posible verlo en los contextos más diversos, como por ejemplo durante los desplazamientos diarios, optimiza los tiempos de la formación. Mediante una simple aplicación en el móvil se puede acceder a horas y horas de contenidos que tratan de una inmensa variedad de temas. La *videopíldora* es un breve vídeo gratuito que estimula la curiosidad del oyente y lo incita a adquirir un videocurso o una asesoría. También es muy versátil la *presentación con diapositivas,* que pueden servir de apoyo a un orador o pueden verse solas, acompañadas o no por la voz de un narrador. En algunos casos los contenidos de las diapositivas se crean en directo *(live),* enmarcando una *hoja en blanco,* versión tecnológica de la pizarra, sobre la que el orador escribe en directo los conceptos clave. En la *video-conferencia,* uno o más oradores, tras haber discutido acerca de un tema, pueden interactuar con el público, mientras que en la *mesa redonda digital* varios ponentes entablan un debate formativo para el oyente. También se utilizan mucho los *tutoriales,* breves vídeos gratuitos subidos a la red para explicar cómo se hace cualquier cosa, desde cambiar una rueda del coche a hacerse el nudo de la corbata o cocinar un determinado alimento. El principal objetivo de los tutoriales es captar al usuario y crear una audiencia. La formación híbrida integra momentos digitales y momentos de formación en vivo, insertando al usuario en un itinerario de formación variado y a largo plazo. El *documental,* una combinación de reportajes y entrevistas apoyadas por una narración, es una modalidad muy potente porque asocia las experiencias emocionales, evocadas con el hábil uso de música, imágenes y una trama convincente, con la adquisición de nociones técnicas, proporcionadas por las explicaciones y las entrevistas a profesionales.

Un ejemplo de esta modalidad formativa en la que participamos es el documental COVID-*19. Il virus della Paura,* producido por Consulcesi, una de las empresas más importantes de formación a distancia (que, obviamente, durante el período de confinamiento registró un incremento de la actividad de la FAD de un 40%),[24] utilizando tanto la fuerza comunicativa del cine, cuyos profesionales —directores, guionistas y montadores— saben utilizar mejor que nadie

---

24. https://www.sanitainformazione.it/formazione/emergenza-coronavirus-picco-della-formazione-a-distanza-40-burnout-il-corso-piu-seguito/

las imágenes y la trama para crear intensas emociones en el público, como el soporte científico de expertos, que intervenían alternándose con personajes representativos de los perfiles psicológicos que expresaban las distintas reacciones emocionales y conductuales ante la pandemia. El documental se propone así como una nueva modalidad de formación, que insiste no solo en los contenidos, sino también en las emociones que hay que evocar estratégicamente para influir en la conducta de quien lo mira. En el caso de COVID-19. *Il virus della Paura* la alternancia del lenguaje técnico de las entrevistas y del impacto emocional surgido de un hábil uso de la trama, la música y escenas sugestivas produce una auténtica experiencia de cambio emocional, que hace que el espectador no pueda evitar ser influenciado.

El Centro de Terapia Estratégica también ha realizado para Consulcesi cursos en línea sobre la comunicación médico-paciente, sobre la comunicación para los visitadores médicos y sobre la pragmática de la comunicación a distancia. En este caso, la modalidad más eficaz ha sido la creación de diapositivas elaboradas *ad hoc* para cada módulo, con explicaciones técnicas apoyadas en ejemplos prácticos unidas a imágenes evocadoras que favorecen el proceso de aprendizaje y la experiencia formativa. Cada módulo está introducido por un breve vídeo explicativo sobre las temáticas tratadas. Esta unión de diapositivas y vídeos introductorios explicativos ha demostrado ser extremadamente eficaz: si están bien estructurados y organizados, los dos soportes, vídeo y diapositivas, representan un instrumento de aprendizaje rápido, versátil y de gran impacto.

## La tecnología se une al arte de la persuasión. La formación estratégica a distancia

> *La mente no es una nave que hay que cargar*
> *sino un fuego que hay que encender.*
>
> PLUTARCO

Aprender, tanto a distancia como de forma presencial, significa mucho más que adquirir nociones. Según el paradigma constructivista,[25] al que este trabajo hace referencia, los alumnos no han de ser vistos como «contenedores» pasivos que hay que llenar con información, sino como constructores activos de conocimiento: todo aprendizaje parte de una experiencia, a la que la persona atribuye un significado, y luego la analiza e integra en sus propios esquemas mentales, contribuyendo así a construir nuevos modelos mentales o a reforzar los ya existentes. Estos modelos, a su vez, se emplean para interpretar las nuevas experiencias posteriores, en un continuo proceso circular de construcción de la realidad.[26] Es bien sabido que sin experiencias emocionales concretas no se producen cambios efectivos y, por tanto, tampoco adquisiciones efectivas. Aprendemos antes lo que consideramos importante o

25. El constructivismo es un enfoque que considera el conocimiento una construcción de la experiencia personal y no la representación de una realidad independiente del observador.
26. Este proceso se inspira en el modo en que el niño construye los conceptos base y las formas del pensamiento a través de la interacción con el ambiente, como mostró brillantemente Jean Piaget, uno de los padres del constructivismo.

significativo, memorizamos mejor lo que nos emociona[27] o lo que se adapta bien a nuestros esquemas mentales.

Por tanto, el aprendizaje, para ser eficaz y eficiente, ha de seguir el funcionamiento normal del cerebro, aplicando el concepto de *experiencia emocional* ya explicado en los capítulos anteriores: una experiencia percibida como significativa y que genera una emoción es aprendida y memorizada; con la repetición, el aprendizaje se consolida como adquisición.

Las experiencias y el aprendizaje llegan a modelar literalmente el cerebro (neuroplasticidad), como han demostrado las modernas neurociencias, creando también en el adulto conexiones neuronales que se tornan cada vez más eficaces con la repetición de la experiencia (Gazzaniga, 1999, 2008, 2011).

El proceso de una formación eficaz parte siempre, por tanto, del «sentir». «Nada hay en el intelecto que no haya estado antes en los sentidos», decía Tomás de Aquino, y los discípulos han de sentir que van a aprender algo interesante, importante y significativo. La corrección y la exhaustividad de los contenidos, por indispensables que sean, no son suficientes si no se apela al deseo de los alumnos de aprender o de profundizar en el tema. Para ello, una experiencia sensorial rica y significativa se construye en el contexto digital haciendo un uso amplio de los recursos *multimedia,* es decir, utilizando varios ca-

27. Las estructuras cerebrales que intervienen en el proceso de memorización son el hipocampo y la amígdala, partes del sistema límbico. El hipocampo desempeña una función primordial en la formación de la memoria a corto plazo, mientras que la amígdala atribuye el significado emocional a la información recibida.

nales (visual, auditivo) y varios formatos (palabra escrita y hablada, imágenes, vídeo, música), todo ello adaptado naturalmente al auditorio y al contexto. Imágenes, música, fotografías y documentales pueden mezclarse y alternarse con los contenidos escritos o hablados, en una variedad casi infinita de combinaciones que pueden modularse para obtener el efecto deseado.

Para el formador el reto consiste en hallar el equilibrio justo, es decir, en seleccionar, entre tantas posibilidades, el material útil para evocar sensaciones, captar y mantener la atención, y evitar al mismo tiempo exagerar y sobrecargar inútilmente la presentación.

El «sentir» no se aplica tan solo a los contenidos de la formación, sino también a la figura del formador, que ha de captar el interés desde el principio al abordar directamente el tema con una máxima, un aforismo, una reflexión, un gesto, y presentarse, como ya se ha expuesto en los capítulos anteriores, armonizando gestos, postura, movimientos y lenguaje. La armonía del todo ha de fascinar, es decir, crear un efecto sugestivo e hipnótico: en palabras de Martin Luther King, «los grandes oradores seducen incluso diciendo banalidades».

Del «sentir», es decir, del aspecto evocador y emocional, se pasa al «comprender». En la programación del curso hay que atenerse a un principio estratégico muy importante: *conoce a tu público y habla su lengua*. Cada aspecto de la formación, desde la elección del formato que hay que utilizar (documental, diapositivas, videocursos...) hasta la estructura lógica, la selección de las imágenes y el uso del lenguaje, ha de pensarse teniendo en cuenta la audiencia y el contexto, a fin de que la lección sea interesante, accesible y útil para ese público concreto. Una presentación sobre física cuántica para físicos se estructurará de manera muy diferente a un curso de formación de liderazgo o a un curso de reciclamiento para médicos. Además, tanto a la hora de programar un curso como de impartirlo hay que atenerse al principio de la *simplicidad:* nada superfluo, solo lo esencial. Demasiados contenidos confunden y fatigan a la audiencia, un exceso de detalles (abuso de grafismo o efectos especiales, textos prolijos y ampulosos, esquemas y tablas complicados) recarga la presentación y dificulta el aprendizaje. De hecho, el objetivo de la formación no es que todos lo recuerden todo, sino que el mensaje esencial se mantenga una vez acabado el curso y proporcione a los alumnos motivos de reflexión y ganas de profundizar en el tema.

El interés captado con los aspectos evocadores y emocionales ha de mantenerse elevado, bien con la calidad de los contenidos o bien con la *interacción:* el formador debe intercalar en el curso preguntas o afirmaciones que abran nuevas vías, en primer lugar, haciendo que los alumnos sientan que hay algo que no saben y, en segundo lugar, ayudándolos a encontrar las respuestas, mientras los conduce a un auténtico viaje de descubrimiento.

Sentir y comprender desembocan de modo natural en la acción. Un aprendizaje realmente eficaz produce un cambio en dos niveles: en el de los contenidos, cuando los alumnos sienten que lo que han aprendido cambiará a mejor sus actividades y sus vidas; en un nivel más profundo, donde el aprendizaje se identifica con el cambio, empujando a la persona a poner en práctica lo que ha aprendido y a compartirlo con los demás.

## Supervisiones clínicas

Merece la pena detenerse en una aplicación particular de la intervención estratégica a distancia, dada su complejidad y relevancia: la *supervisión,* tanto en el ámbito psicoterapéutico como de *problem solving.*

Hay que distinguir la supervisión del *asesoramiento,* en el que un terapeuta o un *coach* que tiene dificultades para tratar un caso determinado pide la opinión de un colega que, por ser más experto o porque recoge puntos de vista diferentes, puede ayudarlo a encontrar soluciones adecuadas. Se trata de un intercambio de igual a igual entre dos profesionales, que se desarrolla presencialmente o por correo electrónico, teléfono o videoconferencia, y que no requiere más habilidades comunicativas que una correcta presentación del caso.

En la *supervisión,* en cambio, un docente o un profesor experto supervisa los casos más difíciles presentados por sus alumnos y colaboradores, y construye con ellos nuevas estrategias de solución mientras los guía en el proceso de aprendizaje.

La supervisión se distingue de las otras formas de FAD porque tiene un doble objetivo: por una parte, proporcionar al alumno en dificultades una estrategia eficaz para resolver el caso; por la otra, guiarlo en un proceso de aprendizaje y de cambio, identificando sus posibles dificultades redundantes y ayudándolo a superarlas, en un proceso continuo de crecimiento y mejora tanto personal como profesional.

Si se tiene en cuenta lo que hemos comentado sobre los procesos de aprendizaje, el supervisor debe hacer que su alumno viva una auténtica experiencia emocional, adaptándose a sus esquemas mentales, puntos de vista y fobias personales y, en vez de proporcionarle la solución prefabricada, guiarlo en un viaje de descubrimiento.

Si el proceso está bien gestionado, el terapeuta supervisado, gracias a la experiencia emocional vivida, podrá generar a su vez una experiencia emocional en su paciente, con lo que así favorecerá el cambio deseado.

Por este motivo hay que considerar al supervisor un auténtico maestro, en su acepción original de «el que es superior» (la palabra latina *magister* deriva de *magis,* «más, mayormente»), y ha de poseer no solo un profundo conocimiento de la materia, sino también la capacidad de transmitirla al evocar sensaciones y suscitar emociones mediante un uso hábil del lenguaje.

La interacción entre supervisor y supervisado es parecida a la que se produce entre terapeuta y paciente, y sigue su proceso: el supervisor ha de investigar el problema de su colaborador, es decir, las características del caso no resuelto, utilizando su punto de vista; luego ha de analizar las «soluciones intentadas fallidas» del alumno, esto es, los intentos de solución que no han funcionado, o que solo lo han hecho parcialmente; después ha de construir, junto con el colaborador supervisado, una estrategia de solución alternativa, adaptándola a las peculiaridades del caso presentado y del propio terapeuta, para, finalmente, dar al colaborador indicaciones de comportamiento.

La experiencia del Centro de Terapia Estratégica de Arezzo, donde desde hace años se celebran sesiones de supervisión utilizando asimismo el soporte digital, demuestra que no solo es posible realizar intervenciones tan eficaces y eficientes como si fuesen presenciales, sino también experimentar otras modalidades tanto de comunicación como de relación con las personas.

## Asesoramiento, *coaching* y *marketing*

Aunque desde el punto de vista de la comunicación sigue los mismos principios, el *asesoramiento* digital es distinto de la formación. Si cuando enseñamos podemos permitirnos realizar algunas sesiones de explicación teórica bastante largas, en el caso del asesoramiento las explicaciones deberán reducirse a unos pocos minutos, buscando la máxima interacción con los interlocutores. Será precisamente la interacción, generada por un uso hábil de preguntas estratégicas, paráfrasis y técnicas de *problem solving,* la que posibilitará que el consultor enriquezca su intervención con las explicaciones necesarias para la consecución del objetivo del asesoramiento.

Deberemos comenzar, por tanto, con una breve premisa que pueda llevar a los usuarios a reflexionar y a buscar después rápidamente los *feedbacks* para, a partir de ahí, construir la intervención.

Esta modalidad es sin duda más difícil y laboriosa que un asesoramiento clásico en el aula, donde podemos seducir al público con historias y explicaciones. Por eso el asesoramiento digital es mucho más complejo y requiere que el consultor posea habilidades técnicas y comunicativas superiores.

La intervención deberá concluir con la asignación de instrucciones que haya que poner en práctica y los objetivos que haya que alcanzar antes de la siguiente intervención. Es una buena práctica supervisar al cliente en esta fase indicando nuestra disponibilidad o planificando rápidos *follow-up.*

Si estamos haciendo un *coaching,* las cosas no difieren de lo que hemos comentado hasta ahora, aunque hay que tener en cuenta que en la forma digital el *coaching* acentúa las características y las cualidades del individuo.

Si un profesional solía hacer que los clientes vivieran experiencias emocionantes, pero sin un objetivo preciso, como por ejemplo caminar sobre unas brasas o hacer cursos de supervivencia para fomentar la construcción de equipos o la resiliencia, tendrá serias dificultades para dirigir un asesoramiento de calidad en línea. En cambio, se le facilitará la labor a quien haya basado su profesionalidad en el estudio, la ciencia y la capacidad de conseguir pragmáticamente los objetivos. En palabras de Louis A. Berman: «Un buen enseñante es un maestro de la simplificación y un enemigo del simplismo».

A continuación dedicaremos una última consideración al *marketing* en línea.

En los últimos años se ha observado un aumento espectacular de vídeos, transmisiones en directo y *webinars* por parte de consultores dudosos, comerciales de última hora y autodenominados «gurús».

El mundo digital es un acelerador de posibilidades y oportunidades, y por eso debemos prestar mucha atención a la construcción de nuestra imagen y reputación, a nuestro posicionamiento y a la calidad del servicio que queremos ofrecer.

En el ámbito de la formación estadounidense hay un eslogan que dice: *There are no shortcuts,* es decir, «no hay atajos». Quien quiera tener éxito, alcanzar metas ambiciosas y superarse a sí mismo debe sacrificarse, estudiar, mejorar constantemente y aprender a levantarse después de una caída.

En conclusión: buscad la calidad, y si aún no tenéis la suficiente esforzaos por conseguirla; cuando la hayáis conseguido, intentad mejorarla, y si creéis que ya tenéis la mejor, dedicaos a mejorar otra cosa. Nunca olvidéis las palabras de F. Nietzsche: «Todo lo que no eleva inevitablemente rebaja».

# Conclusiones

La pandemia, como pocos acontecimientos de los últimos decenios, nos ha obligado a todos a adaptarnos a las circunstancias; en nuestro caso, a revisar ciertos métodos para mantener su eficacia y su eficiencia. Como siempre ha ocurrido en la historia de la humanidad, de los hechos devastadores han surgido impulsos a la mejora de los seres humanos y de sus comportamientos. Nosotros intentamos aportar nuestra humilde contribución en este sentido según nuestras limitadas capacidades. Debemos aprender de lo que nos enseña la naturaleza: en medio de una tormenta, las águilas no se esconden en los barrancos para protegerse, sino que vuelan más alto que los vientos y las lluvias.

# Bibliografía

AGUSTÍN DE HIPONA, «Confesiones», en C. Fernández S.I., *Los filósofos medievales,* trad. de A. C. Vega, Madrid, Biblioteca de Autores Cristianos, tomo I (1979).

—, *El maestro o sobre el lenguaje y otros textos,* trad. de Atilano Domínguez, Madrid, Trotta, 2003.

ALEXANDER, F. y FRENCH, T. M., *Psychoanalytic Therapy,* Nueva York, Ronald Press, 1946.

ALLPORT, G. W., «Mental Health: A generic attitude», *Journal of Religion and Health,* vol. 4, n.º 1 (1964), pp. 7-21.

AMBADY, N.; LA PLANTE, D.; NGUYEN, T.; ROSENTAL, R.; CHAUMENTON, N. y LEVINSON, W., «Surgeons' tone of voice: A clue to malpractice history», *Surgery,* vol. 32, n.º 1 (2002), pp. 5-9 [https://www.surgjournal.com/article/S0039-6060(02)00022-3/fulltext].

ARCURI, L., «Giudizio e diagnosi clinica: analisi degli errori», *Scienze dell'interazione* 1/1 (1994), pp. 107-116.

ARISTÓTELES (2010), *Retórica,* trad. de Alberto Bernabé, Madrid, Alianza editorial.

AUSTIN, J. L., *How To Do Things With Words,* Cambridge, Harvard University Press, 1962 [trad. cast.: *Cómo hacer cosas con palabras,* trad. de Genaro R. Carrió y Eduardo Rabossi, Barcelona, Paidós, 1982].

BAUMAN, Z., *Liquid Love. On the Frailty of Human Bonds*, Cambridge, Polity Press y Oxford, Blackwell Publishing, 2003 [trad. cast.: *Amor líquido,* trad. de Albino Santos, Barcelona, Paidós, 2018].

BENEDETTI, F., *Effetti placebo e nocebo. Dalla fisiologia alla clinica,* Roma, Giovanni Fioriti Editore, 2015.

BERMAN, L. A., *Proverb Wit & Wisdom: A Treasury of Proverbs, Parodies, Quips, Quotes, Cliches, Catchwords, Epigrams, and Aphorisms*, Nueva York, TarcherPerigee, 1997.

BERKELEY, G., *A Treatise Concerning the Principles of Human Knowledge,* 1710 [trad. cast.: *Tratado sobre los principios del conocimiento humano,* trad. de Carlos Mellizo, Madrid, Alianza Editorial, 1992].

BOORSTIN, D. J., *The Discoverers: A History of Man's Search To Know His World and Himself,* Nueva York, Random House, 1983 [trad. cast.: *Los descubridores,* trad. de Susana Lijtmaer, Barcelona, Crítica, 2008].

CARROLL, L., *Alice's Adventures in Wonderland,* Londres, Macmillan, 1865 [trad. cast.: *Alicia en el país de las maravillas,* trad. de Andrés Barba, Madrid, Sexto Piso, 2010].

CASTELNUOVO, G.; MOLINARI, E.; NARDONE, G. y SALVINI, A., «La ricerca empirica in psicoterapia», en G. Nardone y A. Salvini, *Dizionario internazionale di psicoterapia,* Milán, Garzanti, 2013 [trad. cast.: «La investigación empírica en psicoterapia», en G. Nardone y A. Salvini, *Diccionario internacional de psicoterapia,* trad. de Maria Pons, Barcelona, Herder, 2019].

CATÓN, M. P., en F. Bacon, *La sabiduría de los antiguos,* trad. de Silvia Manzo, Madrid, Tecnos, 2014.

Cicerón, M. T., *El orador,* trad. de Eustaquio Sánchez Salor, Madrid, Alianza Editorial, 2013.

Clarke, A. C., en N. Owen, *The Magic of Metaphor,* Glasgow, Crown House Publishing, 2001.

De Saint-Exupéry, A., *Le Petit Prince,* Nueva York, Reynal & Hitchcock, 1943 [trad. cast.: *El principito,* trad. de Bonifacio del Carril, Bogotá, Planeta Colombiana, 1951].

Diels, H. y Kranz, W., *Die Fragmente der Vorsokratiker,* Berlín, Weidmann, 1952.

DiMatteo, M. R.; Hays, R. D. y Prince, L. M., «Relationship of physicians' nonverbal communication skill to patient satisfaction, appointment noncompliance, and physician workload», *Health Psychology* 5 (1986), pp. 581-594.

Einstein, A., *Pensieri di un uomo curioso,* Milán, Oscar Mondadori, 1999.

Ekman, P. y Friesen, W. V., *Unmasking the face. A Guide to Recognizing Emotions from Facial Clues,* Nueva York, Prentice Hall, 1975.

Elster, J., *Ulysses and the Sirens,* Cambridge, Cambridge University Press, 1979 [trad. cast.: *Ulises y las sirenas. Estudios sobre racionalidad e irracionalidad,* trad. de Juan José Utrillo, México, Fondo de Cultura Económica, 2003].

Epicteto, *Enquiridión,* trad. de José Manuel García de la Mora, Rubí, Barcelona, Anthropos, 2004, pp. 17-19.

Epicuro, *Scritti morali,* Milán, BUR, 1994.

Erickson, M. H., «Hypnotic Psychotherapy», *The Medical Clinics of North America,* 1948, pp. 571-583.

Franklin, B., *Mélanges de morale, d'économie et de politique* 1, Pisa, Tipografia Nistri, 1830.

FREUD, S., *Die Traumdeutung,* Leipzig-Viena, Franz Deuticke, 1900 [trad. cast.: «La interpretación de los sueños», en *Obras completas,* vol. I, Madrid, Biblioteca Nueva, 1967].

—, *Neue Folge der Vorlesungen zur Einführung in die Psychoanalyse,* 1933 [trad. cast.: «Introducción al estudio del psicoanálisis», en *Obras completas,* vol. II, Madrid, Biblioteca Nueva, 1967].

—, *Aforismi e pensieri,* Roma, Newton Compton Editori, 2012.

GAZZANIGA, M. S., *The mind's past,* Berkeley-Los Ángeles, University of California Press, 1999.

—, *Human: The Science Behind What Makes Us Unique,* Bolonia, Eco Editore, 2008.

—, *Who's in Charge? Free Will and the Science of the Brain,* Bolonia, Eco Editore, 2011.

GLADWELL, M., *The Tipping Point: How Little Things Can Make A Big Difference,* Nueva York, Little, Brown and Company, 2000.

GOETHE, J. W., *Máximas y reflexiones,* Barcelona, Edhasa, 2021.

GORGIAS, en M. Untersteiner, *I sofisti,* Milán, Bruno Mondadori, 2008.

GRIFFITH, C.; WILSON, J. F.; LANGER, S. y HAIST, S. A., «House staff nonverbal communication skills and standardized patient satisfaction», *Journal of General Internal Medicine* 18 (2003), pp. 170-174.

HINKS, D. A. G., «Tisias and Corax and the Invention of Rhetoric», *The Classical Quarterly,* vol. 34/1, n.º 2 (1940).

HUGO, V. M., en J. Seebacher y G. Rosa (eds.), *Œuvres complètes de Victor Hugo,* 18 vols., París, Éditions Robert Laffont, 1985.

Jakobson, R., *Essais de linguistique générale,* París, Les Éditions de Minuit, 1963 [trad. cast.: *Ensayos de lingüística general,* trad. de Josep Maria Pujol y Jem Cabanes, Barcelona, Seix Barral, 1981].

Jullien, F., *Traité de l'efficacité,* París, Éditions Grasset, 1996 [trad. cast.: *Tratado de la eficacia,* trad. de Anne-Helène Suárez, Madrid, Siruela, 1999].

Jung, C. G., *Collected Works,* 19 vols., Londres, Routledge & Kegan Paul, 1953-1977 [trad. cast.: *Obra completa,* Madrid, Trotta, 2016].

King Jr., M. L., *The Measure of a Man,* Literary Licensing, 1959.

Lambert, M. J. y Barley, D. E., «Research summary on the therapeutic relationship and psychotherapy outcome», *Psychotherapy: Theory, Research, Practice, Training* 38 (2001), pp. 357-361.

Larsen, K. M. y Smith, C. K., «Assessment of nonverbal communication in the patient-physician interview», *J Family Practice* 12/3 (1981), pp. 481-488.

Loriedo, C. y Sale, A. (2004), «L'uso delle domande nella conversazione terapeutica», en C. Loriedo, G. Nardone, P. Watzlawick y J. Zeig, *Strategie e stratagemmi della psicoterapia. Tecniche ipnotiche e non ipnotiche per la soluzione, in tempi brevi, di problemi complessi,* Milán, FrancoAngeli, 2004.

Lowen, A., *Bioenergetics,* Nueva York, McCarin & Georgen, 1975 [trad. cast.: *La bioenergética,* Málaga, Sirio, 2011].

Luban-Plozza, B. y Pöldinger, W., *El enfermo psicosomático en la práctica,* trad. de Cristina Halberstad, Barcelona, Herder, 1997.

Luborsky, L. y Singer, B., «Comparative studies of psychotherapies. Is it true that "everyone has one and all must have prizes?"», *Archives of General Psychiatry* 32 (1975), pp. 995-1008.

—; ROSENTHAL, R.; DIGUER, L.; ANDRUSYNA, T. P.; BERMAN, J. S.; LEVITT, J. T.; SELIGMAN, D. A. y KRAUSE, E. D., «The dodo bird verdict is alive and well-mostly», *Clinical Psychology: Science and Practice,* 9/1 (2002), pp. 2-12.

MACAULAY, T. B., *Saggi scelti,* Turín, UTET, 1953.

MAILER, N., *Ancient Evenings,* Nueva York, Little, Brown & Company, 1983 [trad. cast.: *Noches de la Antigüedad,* trad. de Rolando Costa Picazo, Barcelona, Plaza & Janés, 1987].

MATURANA, H. y VARELA, F., *El árbol del conocimiento,* Madrid, Debate, 1984.

MICHAEL, L. y BARLEY, D. E., «Research Summary of the Therapeutic Relationship and Psychotherapy Outcome», *Psychotherapy Theory Research & Practice* 38/4 (2001), pp. 357-361.

MILANESE, R. y MILANESE, S., *Il tocco, il rimedio, la parola,* Milán, Ponte alle Grazie, 2015 [trad. cast.: *El contacto, el remedio, la palabra,* trad. de Maria Pons, Barcelona, Herder, 2020].

NARDONE, G., «La prescrizione medica: strategie di comunicazione ingiuntiva», *Scienze dell'interazione* 1/1 (1994), pp. 81-90.

—, *Psicosoluzioni. Risolvere rapidamente complicati problemi umani,* Milán, BUR, 1998 [trad. cast.: *Psicosoluciones. Cómo resolver rápidamente problemas humanos complicados,* trad. de Juliana González, Barcelona, Herder, 2012].

—, *Cavalcare la propria tigre. Gli stratagemmi nelle arti marziali ovvero come risolvere problemi difficili attraverso soluzioni semplici,* Milán, Ponte alle Grazie, 2003 [trad.

cast.: *El arte de la estratagema,* trad. de Maria Pons, Barcelona, Herder, 2013].

—, *Cambiare occhi toccare il cuore. Aforismi terapeutici,* Milán, Ponte alle Grazie, 2007 [trad. cast.: *La mirada del corazón. Aforismos,* trad. de Joana María Furió, Barcelona, Paidós, 2008].

—, *Problem solving strategico da tasca. L'arte di trovare soluzioni a problemi irrisolvibili,* Milán, Ponte alle Grazie, 2009 [trad. cast.: Problem solving *estratégico. El arte de encontrar soluciones a problemas irresolubles,* trad. de Maria Pons, Barcelona, Herder, 2010].

—, *Psicotrappole ovvero le sofferenze che ci costruiamo da soli: imparare a riconoscerle e a combatterle,* Milán, Ponte alle Grazie, 2013 [trad. cast.: *Psicotrampas. Identifica las trampas psicológicas que te amargan la vida y encuentra las psicosoluciones para vivir mejor,* trad. de Carmen Torres y Teresa Lanero, Barcelona, Paidós, 2014].

—, *La nobile arte della persuasione. La magia delle parole e dei gesti,* Milán, Ponte alle Grazie, 2015.

—, *Emozioni: istruzioni per l'uso,* Milán, Ponte alle Grazie, 2019 [trad. cast.: *Emociones. Instrucciones de uso,* trad. de Antoni Martínez Riu, Barcelona, Herder, 2020].

—, *Ipnoterapia senza trance. Parlare alla mente emotiva dell'altro,* Milán, Ponte alle Grazie, 2020.

— y BARTOLI, S., *Oltre sé stessi. Scienza e arte della performance,* Milán, Ponte alle Grazie, 2019 [trad. cast.: *Más allá de uno mismo. La ciencia y el arte de la* performance, trad. de Maria Pons, Barcelona, Herder, 2019].

— y MILANESE, R., *Il cambiamento strategico. Come far cambiare alle persone il loro sentire e il loro agire,* Milán, Ponte alle Grazie, 2018 [trad. cast.: *El cambio estratégico,* trad. de Maria Pons, Barcelona, Herder, 2019].

— y Salvini, A., *Il dialogo strategico. Comunicare persuadendo: tecniche evolute per il cambiamento,* Milán, Ponte alle Grazie, 2004 [trad. cast.: *El diálogo estratégico. Comunicar persuadiendo. Técnicas para conseguir el cambio,* trad. de Jordi Bargalló, Barcelona, Herder, 2011].

— y Watzlawick, P., *L'arte del cambiamento: La soluzione dei problemi psicologici personali e interpersonali in tempi brevi,* Milán, Ponte alle Grazie, 1990 [trad. cast.: *El arte del cambio,* trad. de Antoni Martínez Riu, Barcelona, Herder, 2012].

— y —, *Brief Strategic Therapy: Philosophy, Technique and Research,* Nueva York, Jason Aronson, 2005.

—; Loriedo, C.; Zeig, J. y Watzlawick, P., *Ipnosi e terapie ipnotiche. Misteri svelati e miti sfatati,* Milán, Ponte alle Grazie, 2006 [trad. cast.: *Hipnosis y terapias hipnóticas,* trad. de Jordi Bargalló, Barcelona, RBA, 2008].

—; Milanese, R.; Mariotti, R. y Fiorenza, A., *La terapia dell'azienda malata,* Milán, Ponte alle Grazie, 2000 [trad. cast.: *Terapia estratégica para la empresa,* trad. de Jordi Bargalló, Barcelona, RBA, 2005].

Neumann, J. von y Morgenstern, O., *Theory of Games and Economic Behavior,* Princeton, Princeton University Press, 1944.

Nietzsche, F., *Menschliches, allzumenschliches,* Chennitz, Verlag von Ernst Schmeitzner, 1878 [trad. cast.: *Humano, demasiado humano,* trad. de Alfredo Brotons, Madrid, Akal, 1996].

Palahniuk, C., *Haunted,* Nueva York, Doubleday, 2005 [trad. cast.: *Fantasmas,* trad. de Javier Calvo, Barcelona, Random House, 2006].

Pascal, B., *Pensamientos,* trad. de Gabriel Albiac, Madrid, Tecnos, 2018.

PENROSE, R., *Picasso. His Life and Work,* Berkeley, University of California Press, 1981.

PERLS, F., *Gestalt Therapy Verbatim,* Lafayette, Real People Press, 1969.

PESSOA, F., *Livro do desassossego,* Sao Paulo, Companhia das Letras, 1982 [trad. cast.: *Libro del desasosiego,* trad. de Ángel Crespo, Barcelona, Seix Barral, 2008].

PIAGET, J., *La construction du réel chez l'enfant,* Neuchâtel-París, Delachaux et Niestlé, 1937 [trad. cast.: *La construcción de lo real en el niño,* trad. de Rafael Santamaría, Barcelona, Crítica, 1985].

PLUTARCO, *Vidas paralelas,* Madrid, Gredos, 7 vols., 1989-2009.

PROTÁGORAS, en H. Diels y W. Kranz, 1952.

QUENEAU, R., *Exercices de style,* París, Gallimard, 1947 [trad. cast.: *Ejercicios de estilo,* versión de Antonio Fernández Ferrer, Madrid, Cátedra, 2006].

RAMACHANDRAN, V. S., «Mirror neurons and imitation learning as the driving force behind "the great leap forward" in human evolution», *Edge* 69 (29 de mayo de 2000).

RIZZOLATTI, G. y CRAIGHERO, L., «The mirror-neuron system», *Annual Review of Neuroscience* 27 (2004), pp. 169-192.

— y SINIGAGLIA, C., *So quel che fai. Il cervello che agisce e i neuroni specchio,* Milán, Raffaello Cortina, 2006 [trad. cast.: *Las neuronas espejo. Los mecanismos de la empatía emocional,* trad. de Bernardo Moreno Carrillo, Barcelona, Paidós Ibérica, 2006].

— y —, *Specchi nel cervello. Come comprendiamo gli altri dall'interno,* Milán, Raffaello Cortina, 2019.

— y VOZZA, L., *Nella mente degli altri. Neuroni specchio e comportamento sociale,* Bolonia, Zanichelli, 2007.

Roncoroni, F., *La saggezza degli antichi: massime e aforismi greci e latini,* Milán, Mondadori, 1993.

Sabaté, E. (who), *Adherence to Long-Term Therapies: Evidence for Action,* Ginebra, Organización Mundial de la Salud, 2003.

Sackett, D. L., «The hypertensive patient: compliance with therapy», *Canadian Medical Association Journal* 121 (1979), pp. 259-261.

Salvini, A., «Gli schemi di tipizzazione della personalità in psicologia clinica e psicoterapia», en G. Pagliaro y M. Cesa-Bianchi (eds.), *Nuove prospettive in psicoterapia e modelli interattivo-cognitivi,* Milán, FrancoAngeli, 1995.

Shakespeare, W., *Obras completas,* trad. de Luis Astrana Marín, Madrid, Aguilar, 1986.

Shirazi, *Il roseto,* San Paolo, Cinisello Balsamo, 1991.

Sirigatti, S.; Stefanile, S. y Nardone, G., *Le scoperte e le invenzioni della psicologia. Un viaggio attraverso le ricerche più significative sull'uomo e il suo agire,* Milán, Ponte alle Grazie, 2008.

Škorjanec, B., *Il linguaggio della terapia breve,* Milán, Ponte alle Grazie, 2000.

Tomás de Aquino, *Suma de teología,* ed. dirigida por los Regentes de estudios de las Provincias Dominicanas de España, 5 vols., Madrid, bac, 2001.

Trentin, G., *Dalla formazione a distanza all'apprendimento in rete,* Milán, FrancoAngeli, 2001.

Voltaire, *Il superfluo è necessario. Aforismi, massime e pensieri,* Roma, Editori Riuniti, 1996.

Watzlawick, P., *How Real Is Real? Confusion, Disinformation, Communication,* Nueva York, Random House, 1976 [trad. cast.: *¿Es real la realidad? Confusión, desin-*

*formación, comunicación,* trad. de Marciano Villanueva Salas, Barcelona, Herder, 2003].

— (ed.), *Die Erfundene Wirklichkeit,* Múnich, Piper, 1981 [trad. cast.: *La realidad inventada. Cómo sabemos lo que creemos saber,* trad. de Nélida M. de Machain, Barcelona, Gedisa, 2009].

— y NARDONE, G. (eds.), *Terapia breve strategica,* Milán, Raffaello Cortina Editore, 1997 [trad. cast.: *Terapia breve estratégica,* trad. de Ramón Alfonso Díez Aragón y M.ª del Carmen Blanco Moreno, Barcelona, Paidós, 2014].

—; BEAVIN, J. H. y JACKSON, D. D., *Pragmatics of Human Communication. A Study of Interactional Patterns, Pathologies, and Paradoxes,* Nueva York, W. W. Norton & Co., 1967 [trad. cast.: *Teoría de la comunicación humana. Interacciones, patologías y paradojas,* trad. de Noemí Rosenblatt, Barcelona, Herder, 1981].

WILDE, O., *Aforismos,* trad. de Gabriel Insausti, Sevilla, Renacimiento, 2014.

## Cibergrafía

http://www.quotidianosanita.it/allegati/allegato9565072.pdf

https://wearesocial.com/it/blog/2019/01/digital-in-2019

https://www.surgjournal.com/article/S0039-6060(02)00022-3/fulltext

http://www.quotidianosanita.it/allegati/allegato9565072.pdf

https://www.sanitainformazione.it/formazione/emergen-za-coronavirus-picco-della-formazione-a-distanza-40-burnout-il-corso-piu-seguito/

https://it.wikipedia.org/wiki/Non_è_mai_troppo_tardi_(programa_de televisión)